Samedi & Dimanche

Samedi & Dimanche

L'INTÉGRALE

SCÉNARIO
FABIEN VEHLMANN
DESSIN
GWEN DE BONNEVAL
COULEUR
WALTER

DARGAUD
PARIS BARCELONE BRUXELLES HONG KONG LAUSANNE LONDRES MONTREAL NEW YORK SHANGHAI

Le paradis des cailloux

EH! DIMANCHE, J'ME POSE SOUDAIN UNE QUESTION!
OUI, SAMEDI ?
QU'EST-CE QU'ON FAIT ICI AU JUSTE ?

EH BIEN... ON PÊCHE... À CE QU'IL ME SEMBLE.
MAIS JE PEUX ME TROMPER.
NON, JE VOULAIS DIRE, COMMENT ON EST ARRIVÉ ICI, SUR CET ÎLOT ?
AH ? BEN... JE SAIS PAS. À MON SOUVENIR, ON A TOUJOURS VÉCU ICI.
ET TON SOUVENIR LE PLUS LOINTAIN IL REMONTE À LOIN ?
HUMMM ...
NON, JE VOULAIS DIRE, COMMENT ON EST ARRIVÉ ICI, SUR CET ÎLOT ?
J'ARRIVE PAS À REMONTER TRÈS LOIN EN FAIT.
MOI NON PLUS.
PLUS JE REGARDE LOIN DANS LE PASSÉ ET PLUS MES SOUVENIRS SONT VAGUES...

SI ÇA SE TROUVE, ON EST DES PIRATES QU'UN NAUFRAGE A RENDUS AMNÉSIQUES! ///
OU ALORS, ON A ÉTÉ PLACÉS ICI POUR UNE EXPÉRIENCE BIZARRE PAR UN SAVANT FOU QUI NOUS A DROGUÉS...
PAF
POF
OU MÊME, ON EST TOMBÉS SUR L'ÎLOT IL Y A DE CELA TRÈS LONGTEMPS ET ON S'EN RAPPELLE PLUS.
MAIS EN FIN DE COMPTE, C'EST PAS TRÈS IMPORTANT, NON ?...
BEN SI! T'ES PAS CURIEUX D'EN SAVOIR PLUS, TOI?
ON VA QUAND MÊME PAS RESTER LÀ BÊTEMENT, ALORS QU'IL Y A TANT DE QUESTIONS À SE POSER!
DIS DONC, TU ME FAIS L'EFFET DE FILER UN DRÔLE DE COTON, SAMEDI.
ALLEZ, VIENS, DIMANCHE! SUIS-MOI!
BON.
QU'EST-CE QU'ON FAIT ICI, BOB?
J'EN SAIS BOUGREMENT RIEN, JACK.

ROBERTO LE VIEUX SAGE POURRA SANS DOUTE NOUS RENSEIGNER.
SALUT, ROBERTO!
IL PARAIT QUE TU AS RÉPONSE À TOUT, ROBERTO!
AH? EH BIEN, C'EST ASSEZ FLATTEUR. JE...
ON A UNE QUESTION À TE POSER.
DIS-NOUS : TU SAIS COMMENT ON EST ARRIVÉS ICI TOUS LES DEUX?
NOUS, ON SE RAPPELLE PLUS.
VOYONS ...
EH BIEN UN JOUR ...
ZZZZZZ
JE ME SUIS ENDORMI ...
ET À MON RÉVEIL ...
... VOUS ÉTIEZ LÀ.
C'EST TOUT?
FAUT CROIRE.
MAIS D'OÙ ON VIENT, ALORS?
BEN... D'UN AUTRE COIN DE L'ÎLOT, J'IMAGINE.
ET ON OSE PRÉTENDRE QUE TU AS RÉPONSE À TOUT?!
MES RÉPONSES DOIVENT FORCÉMENT ÊTRE SATISFAISANTES?
ON VIENDRAIT D'UN AUTRE COIN DE L'ÎLOT?
JE SAVAIS PAS QUE L'ÎLOT AVAIT D'AUTRES COINS.

HÉ, LES GARS ! VOUS SAVEZ À QUOI IL RESSEMBLE LE RESTE DE L'ÎLOT ?
POUF POUF
HMFF ! RMFF !
HEIN ALORS ? VOUS ÊTES DÉJÀ ALLÉS AU-DELÀ DE CES MONTAGNES-LÀ ?
PHIOUUUUUU...
HAAA !
DE QUOI ? RMFF !
PARCE QUE ROBERTO NOUS A DIT QU'ON VENAIT PEUT-ÊTRE D'UN AUTRE COIN DE L'ÎLOT.
BLOUB BLUUB BLOB !
ALORS ? NON ? VOUS NE SAVEZ RIEN DU RESTE DE L'ÎLOT ?
HONNÊTEMENT, NON.
MAINTENANT, SI ÇA NE TE FAIT RIEN, ON A DU TRAVAIL.
LEUR MANQUE DE CURIOSITÉ EST INCROYABLE !
QU'EST-CE QU'IL A, SAMEDI ?
ÇA L'A PRIS D'UN COUP : DES QUESTIONS, DES QUESTIONS ...
DES QUESTIONS !!
ON DEVRAIT APPELER LE DOCTEUR SCRAPPER.

ALORS COMME ÇA, ON VA PAS FORT ?
NE VOUS INQUIÉTEZ SURTOUT PAS ! LA MÉDECINE MODERNE VIENT À VOTRE SECOURS !
MAIS, QU'EST-CE QUE ?...
POURQUOI VOUS ME FAITES TOUT ÇA ?
POIDS EN TORTUES : 5
ET CETTE AMPOULE, ELLE SERT À QUOI ?
ZEUG ZEUG ZEUG
ZARMA ZARMA ZARMA ZARMA
MMHM
ET PUIS POURQUOI VOUS ÊTES DOCTEUR ? VOUS AIMEZ VOIR LES GENS SOUFFRIR, C'EST ÇA ?
CET INDIVIDU FAIT UNE CRISE DE QUESTIONNITE AIGUË
C'EST GRAVE ?
C'EST SURTOUT TRÈS PÉNIBLE POUR L'ENTOURAGE.
JE PRÉCONISE LA MISE EN QUARANTAINE DANS UN BUNKER HERMÉTIQUE PENDANT TRENTE ANS.
C'EST UN PEU EXTRÊME COMME TRAITEMENT, NON ?
LA SANTÉ EST À CE PRIX.

SAMEDI ?!
QU'EST-CE QUE TU FAIS ?
JE M'EN VAIS, JE VOIS BIEN QUE J'ENNUIE TOUT LE MONDE AVEC MES HISTOIRES...
ET PUIS JE VEUX EXPLORER L'ÎLOT, CONNAÎTRE TOUS SES SECRETS ! OBTENIR DES RÉPONSES !
TU VEUX VENIR AVEC MOI ?
C'EST-À-DIRE QUE...
MOI J'AIME BIEN ÊTRE ICI ET PÊCHER BÊTEMENT...
JE COMPRENDS ...
À UN DE CES JOURS ALORS...

SAMEDI ! ATTENDS-MOI !
OUAIS, HAHA !
DIS DONC, T'ES RUDEMENT CHARGÉ !
J'AI VOULU EMPORTER QUELQUES OBJETS PERSONNELS.
ET PIS T'AS VU ? J'AI MIS MON TEE-SHIRT D'AVENTURE.
TCHOUF
TCHOUPF
TCHOUF
TCHOUF
BON, ON EXPLORE UN PEU L'ÎLOT, ON POSE DEUX, TROIS QUESTIONS ET PUIS ON RENTRE, D'ACCORD ?
D'ACCORD, DIMANCHE !
DIS DONC, EN FAIT, LES ROLLERS DANS LE SABLE, C'EST PAS TOP...
TCHOUF
TCHOPF
TCHOUF

PLUS VITE, DIMANCHE !
Y A DES TAMANOIRS QU'ONT CHOURÉ MES ROLLERS.
PASSE ENCORE QUE DES CRABES M'AIENT PIQUÉ MA BAIGNOIRE, HIER ...
... MAIS ME FAIRE CHOURER DES ROLLERS QUE J'AVAIS AUX PIEDS ! ... CES TAMANOIRS ONT UNE AUDACE !
OUI, BEN ON VERRA ÇA PLUS TARD !
JE VEUX AVOIR DES RÉPONSES À MES QUESTIONS, MOI !
SI ON TRAÎNE TOUJOURS COMME ÇA ON ARRIVERA À RIEN !
BEN, SI T'ES SI PRESSÉ, T'AS QU'À ALLER À LA FOIRE AUX RÉPONSES !
HA-HA-HA, MAIS BIEN ENTENDU, MÔSSIEUR DIMANCHE, ALLONS-Y TOUT DE SUITE !!
CHOUETTE ! AVEC UN PEU DE CHANCE TU Y TROUVERAS VITE TOUTES LES RÉPONSES À TES QUESTIONS !

GRANDE FOIRE AUX RÉPONSES
ELLES SONT BELLES MES RÉPONSES, ELLES SONT BELLES !
TOUTES FRAÎCHES, LES RÉPONSES, TOUTES FRAÎCHES !
TOUTE LA VÉRITÉ SUR L'ÎLOT
À CHAQUE QUESTION SA RÉPONSE ???
RAPID' QUESTION : UNE RÉPONSE EN MOINS DE TROIS SECONDES
ON N'A QU'À COMMENCER PAR CELUI-LÀ, Y A MOINS DE MONDE.
Répond à vos questions avant que vous ne vous les posiez
BONJOUR MONSIEUR, MON AMI SE DEMANDE À QUOI RESSEMBLE VRAIMENT L'ÎLOT, ET PUIS AUSSI D'OÙ ON VIENT ET...
VOUS NE POSEZ PAS LA BONNE QUESTION, JE NE PEUX PAS VOUS RÉPONDRE.
MOI JE NE VENDS QU'UNE SEULE RÉPONSE.
TOUJOURS LA MÊME : "PLUS EN HAUT À DROITE".
AH BON, ET VOUS NE DITES RIEN D'AUTRE ?
EN GROS NON, C'EST MA PRINCIPALE RÉPONSE.
VOUS NE SAURIEZ PAS OÙ ON POURRAIT TROUVER QUELQU'UN DE PLUS COMPÉTENT QUE VOUS ?
PLUS EN HAUT À DROITE.

RÉPONSES À PROPOS DE L'ÎLOT
AS ?
T'AS VU ?
T'AS VU ?
TOUT SUR LES AMIBES
ICI LA SEULE ET UNIQUE CARTE AUTHENTIQUE DE L'ÎLOT !
ON PEUT VOIR ? ON PEUT VOIR ?
OUI, ÇA FERA TROIS BIGORNEAUX ...
PAS MAL, HEIN ?
MA BARAQUE
AUTRES
RESTE
PLAN DE L'ILOT
ELLE EST UN PEU SOMMAIRE, VOTRE CARTE ...
QUE NENNI ! C'EST LA PLUS JUSTE QUI PUISSE SE TROUVER ! AUCUNE AUTRE N'INDIQUE MON STAND !
MOUAIF ... JE SUIS PAS CONVAINCU ...
ALLONS VOIR LES AUTRES STANDS.
L'ÎLOT EST UNE MÉDUSE GIGANTESQUE ET NOUS VIVONS SUR SON CRÂNE MOU !
L'ÎLOT EST UNE ILLUSION D'OPTIQUE ! ...
UN MIRAGE ! ...
UN MIRAGE TOUT FLOU !
Y A QUELQU'UN ?
LA VÉRITÉ EST AILLEURS
LA THERMO-GÉOLOGIE QUANTIQUE EST FORMELLE : L'ÎLOT A D'ABORD ÉTÉ UN IMMENSE VOLCAN ... .
QUI SE TRANSFORMERA UN JOUR EN YAOURT LIQUIDE ...
Dans la Nature, rien ne se perd, tout se transforme
MAIS UNE ERREUR N'EST PAS À EXCLURE ...

L'ÎLOT EST UNE MÉDUSE GIGANTESQUE ET NOUS VIVONS SUR SON CRÂNE MOU!
QUEL BAZAR! ...
TIENS, C'EST MARRANT, VOUS ÊTES LE DEUXIÈME À NOUS SORTIR CETTE THÉORIE!
CHACUN DE CES MARCHANDS A SA PROPRE RÉPONSE À DONNER À PROPOS DE L'ÎLOT!
LE DEUXIÈME?
VOUS AVEZ RAISON DE NE PAS VOUS FIER À CES GENS, CE SONT DES AMATEURS!
VOUS ME SEMBLEZ ÊTRE DE VÉRITABLES CHERCHEURS DE VÉRITÉ, CELA SE VOIT TOUT DE SUITE!
SUIVEZ-MOI!
IL Y A LONGTEMPS, TOUT COMME VOUS, J'ÉTAIS ÉPRIS DE SAVOIR MAIS JE NE TROUVAIS AUCUNE RÉPONSE SATISFAISANTE ...
COPIEUR DE CRÂNE MOU!
TOI-MÊME!
INSTITUT DE RECHERCHE DE LA VERITE
...J'AI ALORS DÉCIDÉ DE ME PRENDRE EN MAIN ET AVEC QUELQUES AMIS NOUS AVONS FONDÉ CE LIEU DE CONNAISSANCE.
BONJOUR MAÎTRE.

GRÂCE À CE TÉLESCOPE ULTRA-PERFORMANT, NOUS AVONS SCRUTÉ LE MONDE JOUR APRÈS JOUR, EN QUÊTE DE VÉRITÉ.
ET UN MATIN, NOS RECHERCHES ONT PORTÉ LEURS FRUITS. LE GRAND LIVRE DE L'UNIVERS S'EST OUVERT À NOUS !
ÇA ALORS ! C'EST VRAIMENT UN LIVRE !
JE VOUS L'AVAIS BIEN DIT !
JE CROYAIS QUE C'ÉTAIT UNE MÉTAPHORE !
LA RECHERCHE DE LA VÉRITÉ N'A QUE FAIRE DES MÉTAPHORES !
JE VAIS ESSAYER DE FAIRE LE POINT, C'EST ENCORE UN PEU FLOU !
HÉ ! FAITES ATTENTION ! NOUS N'AVONS PAS TOUCHÉ LES RÉGLAGES DEPUIS LA DÉCOUVERTE DU GRAND LIVRE !
?!
POUR 10 À 12 CRÊPES, VERSER 200 GR DE FARINE DANS UN SALADIER AJOUTER 2 OEUFS, DEUX CUILLERÉES À SOUPE D'HUILE UNE PINCÉE DE SEL.
BIEN MÉLANGER AJOUTER 1/4 DE LITRE DE LAIT LAISSER REPOSER
EN FAIT, LE GRAND LIVRE DE L'UNIVERS RESSEMBLE À UN VIEUX LIVRE DE CUISINE TOUT POURRI !
C'EST UNE MÉTAPHORE ?

JE VAIS PRENDRE UN PEU DE RECUL ...
SI VOUS VOULEZ MON AVIS, C'EST JUSTE UN VIEUX BOUQUIN COINCÉ LÀ DEPUIS UN NAUFRAGE.
AH BON?
AH BON?
FINALEMENT, J'EN AI MARRE DE CETTE FOIRE... ON Y TROUVE DES TAS DE RÉPONSES MAIS COMMENT DISTINGUER LES BONNES DES MAUVAISES?
ON FERAIT P'TET'MIEUX DE CHERCHER NOUS-MÊMES NOS RÉPONSES ... À NOTRE RYTHME...
DIS DONC, C'EST TRÈS SAGE CE QUE TU VIENS DE DIRE, DIMANCHE!...
EH, T'AS VU, C'EST ROBERTO!
ENCORE À VOLER EN DORMANT... UN DE CES JOURS IL VA SE FAIRE MAL.
IL SE DIRIGE VERS L'INTÉRIEUR DE L'ÎLOT...
ON N'A QU'À LE SUIVRE UN PEU, D'ACCORD?
D'ACCORD.
LA CRÊPERIE DU PIRATE
Y'VIENS MATER LE GALION DANS NOTRE TELESCOPE

TU L'AS TROUVÉ?
NAN, PAS ENCORE!
AH, LE VOILÀ!
IL FAUDRA UN JOUR QUE JE COMPRENNE CE QUI SE PASSE QUAND JE DORS...
SALUT, ROBERTO, T'ES BIEN, LÀ-HAUT?
EUH, OUI, OUI...
ON N'A ENCORE NULLE PART TROUVÉ DE RÉPONSES SATISFAISANTES À NOS QUESTIONS...
TU SAIS PAS DANS QUELLE DIRECTION ON POURRAIT ALLER?
EH BIEN ...
ENFIN, JE...
MMHMM... JE VOIS UN PANNEAU, LÀ-BAS, NUL DOUTE QU'IL VOUS SERA D'UNE GRANDE UTILITÉ.
FAITES BONNE ROUTE, MES AMIS!
MERCI, ROBERTO!
BON, BON, BON...
COMMENT JE FAIS POUR DESCENDRE DE LÀ, MOI?

T'AS VU ? ...
C'EST UN P'TIT PIAF MORT !
FAIS GAFFE, C'EST PEUT-ÊTRE CONTAGIEUX !
IL A DÛ SE COGNER DANS CE PANNEAU.
BEN P'TÊT QUE SE COGNER DANS UN PANNEAU C'EST CONTAGIEUX ...
OH ... TU LE RAMÈNES ?
ON PEUT PAS LE LAISSER TRAÎNER COMME ÇA !
ON POURRAIT L'ENTERRER ...
OU L'INCINÉRER. Y'A DES GENS QUI FONT ÇA !
OUI, UN GRAND FEU SERAIT PLUS GAI !
J'AMÈNE DU BOIS !
BON APPÉTIT LES GARS !
MAIS NON ! CE N'EST PAS DU TOUT CE QUE VOUS CROYEZ !
NOTRE BELLE CÉRÉMONIE EST TOUTE GÂCHÉE MAINTENANT.

FINALEMENT, L'ENTERRER, C'EST AUSSI BIEN.
MOI, JE DIS QUE CE P'TIT PIAF AURAIT PAS DÛ MOURIR !
C'EST INJUSTE ! IL FAISAIT DE MAL À PERSONNE !
ÇA SE DISCUTE !
C'EST VRAI ÇA ! L'INSTANT D'AVANT IL ÉTAIT LÀ, PLEIN DE VIE, CHANTONNANT ET TOUT !...
PAF ! UN PANNEAU !
ET PUIS PLUS RIEN ...
" PLUS RIEN ", C'EST PAS SÛR ... IL S'EST P'TÊT CHANGÉ EN FANTÔME !
MOOOOOIIIIT PÂÂÂNNEAU!!!
SI JE PUIS ME PERMETTRE, VOUS VOUS FAITES UNE IDÉE ASSEZ FAUSSE DE CE QUI SE PASSE APRÈS LA MORT.
QU'EST-CE QUE T'EN SAIS, TOI ? ÇA MEURT PAS UN CAILLOU !
SI.
ÇA MEURT D'ENNUI.
ET ALORS, IL SE PASSE QUOI UNE FOIS QU'ON EST MORT, MONSIEUR JE SAIS TOUT ?
ON VA AU PARADIS DES CAILLOUX.
... ET ÇA RESSEMBLE À QUOI, LE PARADIS DES CAILLOUX ? ...
BEN... C'EST PLEIN DE CAILLOUX.
DE CAILLOUX HEUREUX.
ÇA DOIT ÊTRE QUELQUE CHOSE ...

JE SUIS PAS SÛR D'AVOIR TRÈS ENVIE D'ALLER AU PARADIS DES CAILLOUX.
J'IMAGINE QUE LES CHOSES SE PASSENT DIFFÉREMMENT POUR NOUS.
ON A BEAU Y RÉFLÉCHIR, ON N'EST PAS PLUS AVANCÉS...
NOUS DEVRIONS NOUS Y PRENDRE D'UNE MANIÈRE PLUS SCIENTIFIQUE!
UN DES TYPES DE LA FOIRE A DIT : "DANS LA NATURE, RIEN NE SE PERD, TOUT SE TRANSFORME".
TU CROIS QUE ÇA VAUT POUR LE P'TIT PIAF? TU CROIS QU'IL S'EST TRANSFORMÉ?
DIFFICILE À DIRE... IL AURAIT FALLU LE CONNAÎTRE AVANT SA MORT POUR POUVOIR COMPARER!
... IL FAUDRAIT TROUVER UN AUTRE EXEMPLE.
BEN, Y'A PAPY-BOUC QU'EST MORT Y'A PAS LONGTEMPS!
C'EST VRAI, ALORS PRENDS DES NOTES ...
DE QUELS ÉLÉMENTS PAPY-BOUC ÉTAIT-IL CONSTITUÉ DE SON VIVANT?
PAPY-BOUC, C'ÉTAIT...
DES CORNES
UNE PIPE
UNE BARBICHE
MAIS AUSSI ...
DES BLAGUES À DEUX FRANCS
UN ALLIGATOR ET UN CROCODILE, C'EST CAÏMAN LA MÊME CHOSE!
ET AUSSI...
DES ÉTOILES DANS LES YEUX QUAND IL RIGOLAIT.
HA HA HA!
UN AMOUR IMMODÉRÉ POUR LE CHOCOLAT...

APRÈS SA MORT, IL AVAIT ENCORE...
SES CORNES
SA BARBICHE
SA PIPE
LES GENS ONT CONTINUÉ À SE RACONTER SES BLAGUES ...
C'EST CAÏMAN LA MÊME CHOSE !
HO, HO, HO !
MAIS SI "RIEN NE SE PERD", EN QUOI S'EST TRANSFORMÉ LE RESTE ?
EH BIEN, D'APRÈS MES NOTES, ÇA DOIT RESSEMBLER À DES ÉTOILES QUI RIGOLENT ET QUI AIMENT LE CHOCOLAT !
HA, HA, HI, HO, HO, HA !
LÀ ! DU GÂTEAU AU CHOCOLAT !
SI ÇA SE TROUVE, PAPY-BOUC PASSE MAINTENANT SES JOURNÉES À PILLER LES RÉSERVES DE CHOCOLAT DE L'ÎLOT ...
HA, HA !
ET PEUT-ÊTRE QUE LA NUIT IL SE REPOSE DANS LE CIEL.
TOUT ÇA DONNE À RÉFLÉCHIR ...

ROBERTO!
ROBERTO!
ON SE POSE PLEIN DE QUESTIONS!
HMMM
LE P'TIT OISEAU
IL ÉTAIT TOUT MORT
C'EST INJUSTE
FANTÔME
PAPY-BOUC
VOULAIT LE BRÛLER
CAÏMAN LA MÊME CHOSE
SES CORNES
PARADIS DES CAILLOUX
RATÉ
ÉTOILES DANS LES YEUX
RÉSERVES DE CHOCOLAT
QU'EST-CE QU'IL Y A APRÈS LA MORT?
HE HO
HOLÀ!
ENFIN, JE SAIS PAS TROP, MOI!...
APRÈS LA MORT?
PFOUUU
EH BIEN... L'ESSENTIEL N'EST PAS DE PENSER À LA MORT MAIS DE RÉUSSIR SA VIE...
NON?
WOAAOW! ROBERTO, T'ES UN VRAI SAGE!
OUAIS! QUEL COURAGE! ...
DU COURAGE? ET POURQUOI ÇA?
BEN, PARCE QUE TU PARLES DE LA MORT AVEC SÉRÉNITÉ, ALORS QUE T'ES VIEUX ET QUE TU VAS BIENTÔT MOURIR...
BON, BEN... SALUT, ROBERTO!
ENCORE MERCI!

ALORS? ON VA LES TROUVER OÙ NOS RÉPONSES, MAINTENANT?
ON N'A MÊME PLUS DE PANNEAUX POUR NOUS AIDER.
LA BAS
BON, MAINTENANT, ON A DES PANNEAUX.
OUAIS... ÇA NOUS FAIT UNE BELLE JAMBE...
LA BAS
IL Y A TELLEMENT DE DIRECTIONS POSSIBLES.
EH, T'AS VU LES DRÔLES DE BESTIOLES LÀ-BAS?
GNNNF?
OÙ ÇA?
À GAUCHE DU GROS ARBRE COUINEUR.
LEQUEL?
CELUI QUI EST À CÔTÉ DU BIDET EN PLUME ...
LE BLEU?
NON, L'AUTRE QU'EST HABILLÉ EN COW-BOY ...
À CÔTÉ DES TAMANOIRS EN ROLLERS?
HÉÉÉÉ! MAIS C'EST MES ROLLERS!
OUI, BEN... JE VOIS TOUJOURS PAS TES BESTIOLES!

GAW
GAW
HA, SI, JE LES VOIS BIEN MAINTENANT.
GAW
GAW
GAW
ÇA ALORS !
T'AS VU ? ...
GAW
GAW
GAW
... CE REGARD, CETTE DÉTERMINATION !
ELLES NE SE POSENT PAS DE QUESTIONS ! CES BESTIOLES SAVENT OÙ ALLER ...
ÇA SE VOIT !!
LA VOILÀ LA SOLUTION !
?
IL FAUT LES SUIIIIIVRE !
HEU, SAMEDI, JE SUIS PAS SÛR QUE CE SOIT UNE TRÈS BONNE IDÉE ...
MAIS SIIIIIIII ! NOUS DEVONS SAVOIR OÙ ELLES VONT !
GAW
BON.
GAW
GAW
GAW
GAW

J'AI FAIM ! JE VAIS CUEILLIR QUELQUES MYRTILLES SAUVAGES !
HOULA ! OUILLE ! AÏE !
GRRRR
ARRR ! OULA !
GRRRR !
?
TROP SAUVAGES, LES MYRTILLES !
!
ON MANGERA PLUS TARD !
GROÂÂR !
SAMEDI, HEU... ÇA FAIT UN BOUT DE TEMPS QU'ON COURT ...
ON POURRAIT S'ARRÊTER POUR EUH... TU SAIS...
D'ACCORD MAIS DÉPÊCHONS-NOUS !
VITE-VITE-VITE VITE-VITE VITE !
TROP DE VENT.
OUI.
J'AI... SOMMEIL ...
T'AS QU'À GRIMPER SUR MES ÉPAULES.
SAMEDI... TU POURRAIS BOUGER UN PEU TON BRAS, JE...
QUE ...? JE...
... RZZZZ
BON.
RZZZZZ
ZZZZ

SAMEDI?
GAW
GAW
GAW
WOUAAW!
OUI, DIMANCHE ?
EN FAIT...
J'AIMERAIS BIEN...
... DORMIR.
C'EST REPARTIIIIIII!
FFFRRRTCHHHH
RZZZ RZZZZ
RZZZZ?
OUILLE!
KOF KOF
AAARGG
KOF
DORS PAISIBLEMENT, AMI DIMANCHE, JE ME CHARGE DE POURSUIVRE NOTRE QUÊTE!
HA, HA, BESTIOLES!
CRAIGNEZ L'AUDACE DE SAMEDI LE PUGNACE!
...AÏE AAAAAAARRRRRR
JE SAURAI OÙ VOUS VOUS RENDEZ, DUSSÉ-JE ENDURER MILLE SOUFFRANCES IGNOBLES!
GAW
GAW
SAMEDI?
ATTENDS UNE SECONDE... JE VAIS ME RELEVER.
AAAAAAAAAARRRRRRR
T'ES PLUS FATIGUÉ?
ON VA DIRE ÇA COMME ÇA...

SAMEDI, J'EN AI MARRE...
ÇA FAIT PLEIN DE JOURS QU'ON DORT PLUS, QU'ON SE LAVE PLUS ET QU'ON MANGE PLUS QUE DES FEUILLES MORTES RAMASSÉES PAR TERRE.
ET ENCORE ON CHOISIT PAS LES MEILLEURES...
COURAGE, ON EST FORCÉMENT PRÈS DU BUT.
CES BESTIOLES VONT QUELQUE PART ! C'EST OBLIGÉ !
MAIS...?
GAW GAW
SUR CETTE FRESQUE ! C'EST NOS BESTIOLES !
Y'A MÊME CELLE AVEC UNE CICATRICE !
BIENVENUE, AMIS TOURISTES, NOUS ALLONS COMMENCER LA VISITE !
À MA DROITE, UNE TRIBU DE TERRRRRIBLES CHASSEURS PRÉHISTORIQUES.
ILS POURSUIVENT LES MYTHIQUES A-BOU-GA(BEUH).
NOM QUI SIGNIFIE "CEUX QUI COURENT TOUJOURS (ALORS ON LES ATTRAPE JAMAIS)."
FIN DE LA VISITE.
CETTE FRESQUE DATE DE LA PRÉHISTOIRE ?
ÇA FERA CINQ BULOTS.
ÇA FAIT CHER POUR TROIS SECONDES DE VISITE !
OUI MAIS RECONNAISSEZ QUE J'AI RUDEMENT BIEN ROULÉ LES R DE "TERRIBLE".

TERRRRRIBLE! HA, HA! PAS MAL, HEIN?!
ALORS, CES BESTIOLES EXISTERAIENT DEPUIS DES MILLIONS D'ANNÉES?
ELLES SAUTENT DEPUIS TOUJOURS SANS QU'ON SACHE OÙ ELLES VONT...
GAW GAW GAW
ON A FAIT TOUS CES EFFORTS POUR RIEN... C'EST... C'EST...
...C'EST TERRRRRIBLE ?
J'EN AI SUPERMARRE... JE VEUX TOMBER ICI ET PUIS RESTER TOUT MOU SUR LE SOL ET PUIS PLEURER.
BEN ALORS, DIS PAS ÇA!
LAISSE-MOI ICI, JE NE FERAIS QUE TE RETARDER... PARS, SANS MOI...
MAIS SAMEDI, ALLONS, TU DIS BIEN N'IMPORTE QUOI!
ON VA LES TROUVER TES RÉPONSES!
SECOUE-TOI MON GROS GAILLARD!
OÙ EST LE SAMEDI TOUT FOU-FOU QUE JE CONNAISSAIS ?
AA.
ÉÉ.
GNN.
FLIPOU FLIPOU
TIENS, JE VOIS UN ENDROIT QUI A L'AIR SYMPA, ON VA S'Y REPOSER UN PEU ET PUIS ON REPARTIRA DE PLUS BELLE!
LAISSE MOAAAAA ...
LAISSE MOAAAA ...
ET EN AVANT POUR DE NOUVELLES TRIBULATIONS RIGOLOTES.
'SMOAAAAA ...AAAAA

T'AS VU, SAMEDI ? C'EST RUDEMENT CHOUETTE, ICI !
BOF.
ALLEZ, ON ARRÊTE CINQ MINUTES DE SE POSER DES QUESTIONS, D'ACCORD ?
UN BON BAIN NOUS FERA DU BIEN.
ET HOP !
BOF.
PLOUF
WEEPEE ! HI, HI !
CET ENDROIT EST VRAIMENT MAGNIFIQUE : TOUT Y EST PLUS BEAU ET PLUS CHATOYANT !
MÊME L'EAU PARAÎT PLUS VIVIFIANTE QUE D'HABITUDE !
MHMMM ! COMME JE SENS BON ! COMME MA PEAU EST REDEVENUE DOUCE !
OUI, BON, ÇA VA, UN PEU DE RETENUE !
ÇA ALORS ! NOS TEE-SHIRTS SONT COMME NEUFS !
ILS ONT RETROUVÉ LEURS COULEURS D'ORIGINE !
?
CET ENDROIT ME PARAÎT UN PEU BIZARRE ...
MOI, IL ME PLAÎT BIEN !
BON, ON CHERCHE QUELQUE-CHOSE À MANGER ? J'AI RUDEMENT FAIM !
?
POF

IL Y A UNE SORTE DE GROSSE COURGE QUI ROULE MOLLEMENT VERS MOI.
MÉFIE-TOI, ELLE M'A L'AIR SOURNOISE.
... REMARQUE, ELLE ME SEMBLE PARFAITEMENT COMESTIBLE!
MHMMM! CH'EST MÊME DÉLICHIEUX ET CHA DÉCHALTÈRE AUCHI.
C'EST QUAND MÊME ÉTRANGE CETTE "COURGE" QUI ROULE VERS TOI PILE AU MOMENT OÙ TU AVAIS FAIM...
EH! TU ENTENDS CHETTE MUCHIQUE ?
ÇA VIENT DE LÀ-BAS!
WOUAW! ÇA DONNE ENVIE DE BOUGER!
HI, HI, JE SENS QU'ON VA BIEN S'AMUSER!
MOI, JE VAIS INTERROGER UNE DE CES PERSONNES ...

EXCUSEZ-MOI, JE PEUX VOUS POSER QUELQUES QUESTIONS ?
NON, JE N'EN AI VRAIMENT PAS ENVIE.
OU ALORS, IL FAUDRAIT QUE VOUS DANSIEZ EN MÊME TEMPS, ÇA SERA RIGOLO.
AH.
C'EST QUOI CET ENDROIT AU JUSTE ?
NOUS SOMMES DANS LA VALLÉE DE L'INDICIBLE BONHEUR, TOUT EST FAIT ICI POUR QUE CHACUN SOIT LE PLUS HEUREUX POSSIBLE.
MAIS COMMENT EST-CE POSSIBLE ?
JE SAIS PLUS TROP SI C'EST MAGIQUE OU BIEN S'IL S'AGIT D'UNE TECHNOLOGIE SUPER ÉVOLUÉE...
MAIS POURQUOI EST-CE QUE...
VOUS M'ENNUYEZ MAINTENANT, SI VOUS VOULEZ BIEN PARTIR, ÇA ME FERAIT PLAISIR.
TOUT CELA NE ME DIT RIEN QUI VAILLE...
ET OÙ EST PASSÉ DIMANCHE ?
SALUT, SAMEDI !!
RAAAAAA

EH BIEN, C'EST ASSEZ INCROYABLE, MAIS IL SUFFIT DE DEMANDER !
DI... DIMANCHE ? MAIS OÙ AS-TU DÉGOTTÉ CET ACCOUTREMENT ?
TIENS, PAR EXEMPLE : " JE VOUDRAIS UNE PERRUQUE POUR SAMEDI ET UNE GROSSE CUILLÈRE BLEUE POUR MOI " !
POF
PAF
ET VOILÀÀÀ !
CONTINUE TES ENFANTILLAGES SI ÇA TE CHANTE !
MOI JE CONTINUE À PENSER QUE TOUT ÇA CACHE QUELQUE CHOSE DE PAS NET !
HEEK !!
VOILÀ QUELQU'UN QUI A L'AIR PLUS CALME. IL POURRA PEUT-ÊTRE ME RENSEIGNER.
MONSIEUR, JE...
CRRRR
CRRR CRAC !
BON SANG ! MAIS IL VIENT DE SE PÉTRIFIER !
TOC TOC
VOILÀ D'OÙ VIENNENT LES STATUES QU'ON VOIT DANS LA VALLÉE ! CE SONT DES GENS PÉTRIFIÉS !

C'EST NORMAL... C'EST QUAND ON EST PARFAITEMENT HEUREUX... QU'ON DEVIENT COMME ÇA...
?
...MAIS C'EST... C'EST HORRIBLE ! C'EST PAS UNE VIE !
MHMMM... LIBRE À VOUS DE TROUVER HORRIBLE... LE FAIT D'ÊTRE... PARFAITEMENT HEUREUX.
MOI-MÊME, QUAND JE SERAI PARFAITEMENT HEUREUX, JE ME PÉTRIFIERAI...
AH, BON ?
ET QU'EST-CE QUI VOUS EMPÊCHE D'ÊTRE PARFAITEMENT HEUREUX ?
CE... BRUIT, LÀ...
LE BRUIT ? QUEL BRUIT ?
CELUI... QUI SORT... DE VOTRE BOUCHE...
QUAND JE PARLE, VOUS VOULEZ DIRE ?
... OUI.
...
CRRR
VOILÀ... C'EST... MIEUX...
CRRRICRAC
DIMANCHE !!

DIMANCHE! IL FAUT PARTIR DE CET ENDROIT, C'EST DANGEREUX!
OH, NON, JE SUIS BIEN ICI! LA MOUSSE EST TOUTE DOUCE...
POUIP POUIP
MAIS! ALLONS, DIMANCHE!
INUTILE D'INSISTER, ON NE PEUT PAS FORCER QUELQU'UN À QUITTER LA VALLÉE DU BONHEUR: IL FAUT QU'IL EN AIT ENVIE!
DIMANCHE! SI TU RESTES ICI, TU VAS FINIR COMME UNE STATUE ET LES OISEAUX TE FERONT DESSUS!
CRRR CRRR
RAPPELLE-TOI COMME ÇA TE PLAISAIT PAS L'IDÉE D'ALLER AU PARADIS DES CAILLOUX!
CRRR... CRRR...
ET PUIS ON POURRA PLUS SE PARLER ET JE SERAI TRÈS TRISTE...
MHHHMM ...
CRRRR
WEEPEE!
T'AS RAISON, SAMEDI... FINALEMENT, ÇA A PAS L'AIR SI BIEN QUE ÇA DE RESTER ICI.
ALLEZ, ON S'EN VA!
PROMIS, DIMANCHE, JE CHERCHE ENCORE UNE OU DEUX RÉPONSES À TOUTES MES QUESTIONS...
ET PUIS ON RENTRE À LA MAISON!

CET ENDROIT N'EST PAS TRÈS ACCUEILLANT ...
BRRR.
M'EN PARLE PAS... ÇA FAIT DES FRISSONS DANS LE DOS...
JE ME DEMANDE BIEN DE QUOI SONT MORTS TOUS CES GROS MONSTRES ...
DIS, T'AS PAS L'IMPRESSION QUE LE TEMPS SE COUVRE?
ROAAAARRRR
RAAAAA
EEEEEE! MAIS... J'VOUS RECONNAIS!
ÇA ALORS! SI JE M'ATTENDAIS!
VOUS ME REMETTEZ?
C'EST MOI, BOB!
?!

DANS MES BRAS !
BON SANG ! ÇA FAISAIT UN MOMENT !
CRAAC
CROC
RAPPELEZ-MOI VOS NOMS, DÉJÀ ?
... SAMEDI ET DIMANCHE ...
MAIS OUiiiiiii ! CES SACRÉS SAMEDI ET DIMANCHE !
VENEZ ! ON VA PRENDRE UN P'TIT CAFÉ ! ON POURRA PARLER DU BON VIEUX TEMPS !
BEN ÇA, POUR UNE SURPRISE ! HA, HA, HA !
C'EST QUI CE BOB ?
BEN JE SAIS PAS TROP... MAIS IL A L'AIR DE NOUS CONNAÎTRE !...
HEU, PATRON ? VOUS M'AVIEZ DEMANDÉ LE BUDGET ANNUEL.
J'AVAIS OUBLIÉ... RHAN, LE BOULOT, TOUJOURS LE BOULOT !!
MAIS QU'EST-CE QUE C'EST QUE CE TRAVAIL ? VOUS VOUS FICHEZ DE MOI, RENÉ ?!
GRRAAAA
IL EST BÂCLÉ CE BUDGET, RENÉ !!
VOUS SAVEZ POURTANT QUE JE NE SUPPORTE PAS L'À-PEU-PRÈS ! GRRRRR !
AÏE !
MAIS PATRON !
OUILLE !
JE ... M'EXCUSE !
ALLEZ, REFAITES-MOI TOUT ÇA, ET QUE ÇA SAUTE !
BROUM
OUI, PATRON !

HA, HA, HA! FAUT SAVOIR SE FAIRE RESPECTER!
SACRÉS DIMDI ET SAMANCHE, ÇA ME FAIT PLAISIR DE VOUS REVOIR!
ON VA S'INSTALLER ICI, VOUS PRENEZ UN CAFÉ?
CAFÉ
HEU, OUI, OUI ...
WILLIAM?
DOUZE CAFÉS, S'IL TE PLAÎT!
EH, BOB, TU SAIS BIEN QUE J'AIME PAS TROP QUE TU APPORTES TON LUNCH ICI.
MAIS, C'EST PAS MON LUNCH! C'EST DES AMIS D'ENFANCE!
ALORS, ÇA VA...
REGARDEZ, J'AI ENCORE UNE PHOTO DE NOUS QUAND ON ÉTAIT À L'ÉCOLE!
HA, HA! VOUS ÉTIEZ INSÉPARABLES! SACRÉS GLIMDI ET WILFRANCHE!
OUI, HEU...
JE SUIS PAS SÛR DE BIEN NOUS RECONNAÎTRE ...
QU'EST-CE QU'ON ÉTAIT PETITS À L'ÉPOQUE! ON A BIEN CHANGÉ! HA, HA, HA!
HEU, OUI, OUI!
HA, HA!
VOUS VOUS RAPPELEZ, SCROUTC-SCRATCH QUAND ON FUMAIT DES LIANES ET QUE JE VOMISSAIS? C'ÉTAIT L'BON TEMPS, MAINTENANT J'AI PLUS LE TEMPS DE VOMIR!
IL ME FAIT PEUR AVEC SON GROS RIRE DE DINOSAURE ...
DU CALME, ON VA PAS TARDER À PARTIR D'ICI.
HUMFFF! JE VOUS AI PARLÉ DE MON BOULOT?
NON, PARCE QUE J'AI MONTÉ UNE ENTREPRISE D'ÉPLUCHAGE DE PALMIERS...
POUF
POUF

... LA DEMANDE EST EN PLEINE EXPANSION, LES PERSPECTIVES SONT EXTRAORDINAIRES ET NOUS SOMMES LEADER SUR LE MARCHÉ!!
DE L'ÉPLUCHAGE DE PALMIERS ?
MAIS ÇA SERT À RIEN D'ÉPLUCHER DES PALMIERS!
TAIS-TOI, DIMANCHE!
ET ON VA PAS S'ARRÊTER LÀ! ÉPLUCHAGE DE POUTRES, ÉPLUCHAGE DE COUSSINS! LES POSSIBILITÉS DE PROFITS SONT INFINIES!
JE VAIS VOUS MONTRER LES TERRAINS QUE J'AI ACHETÉS POUR MA NOUVELLE USINE!
LA VIE SOURIT À CEUX QUI FONCENT! JE GAGNE 900 KILOMOULES PAR AN! J'AI 3 APPARTEMENTS ET 4 VOITURES!
ET J'AI 1 JOLIE PETITE FEMME, AINSI QUE 3 BEAUX ENFANTS!
BONJOUR.
BONJOUR.
'JOUR!
'LUT!
MAIS JE PARLE, JE PARLE ... ET VOUS, ALORS?
SACRÉS SCHLIMI ET GROSSE TANCHE! QU'EST-CE QUE VOUS FAITES DE BEAU?
ICI CONSTRUCTION PROCHAINE D'UN COMPLEXE D'ÉPLUCHAGE DE PALMIERS.
BEN ... ON SE POSE DES QUESTIONS ...
EN QUELQUE SORTE ...
COMMENT ÇA, DES QUESTIONS? POUR QUOI FAIRE?!
BEN, DES QUESTIONS SUR L'ÎLOT ... SUR NOTRE PRÉSENCE ICI, TOUT ÇA, QUOI ...
POUR AVOIR DES RÉPONSES, EN FAIT ...
HOULA! ÇA M'A PAS L'AIR TRÈS COHÉRENT VOTRE AFFAIRE, LÀ ...
DONNEZ-MOI UN EXEMPLE DE QUESTION QUE VOUS VOUS POSEZ!

BEN, PAR EXEMPLE ... C'EST QUOI TOUS CES SQUELETTES ?
QUELS SQUELETTES ? SOIS PLUS PRÉCIS, J'AI PAS BEAUCOUP DE TEMPS, LÀ !
CES SQUELETTES DE DINOSAURES QUI TRAÎNENT PARTOUT !
AH, ÇA ? ... C'EST PARCE QU'IL Y A PLEIN DE DINOSAURES QUI MEURENT À 50 ANS.
PRESQUE TOUS EN FAIT ...
LES TOUBIBS APPELLENT ÇA « LA CRISE DE LA CINQUANTAINE » ...
LE DINO CINQUANTENAIRE, D'UN SEUL COUP IL S'ARRÊTE D'AVANCER ET PUIS IL LÈVE UN SOURCIL, PIS IL DIT DEUX, TROIS TRUCS, GENRE : « FINALEMENT À QUOI ÇA RIME TOUT ÇA » ET PIS IL MEURT.
MAIS MOI JE ME SENS PAS TROP CONCERNÉ ! HA, HA, HA !
... DANS LA VIE FAUT PAS TROP S'INTERROGER, FAUT FONCER !
DITES, J'EN REVIENS À VOTRE QUESTIONNEMENT PERPÉTUEL, LÀ ... FAUT PAS CONTINUER COMME ÇA LES GARS, ÇA SERT À RIEN ...
J'AI UNE PROPOSITION À VOUS FAIRE ...
JE VAIS VOUS FILER DEUX POSTES DANS UNE DE MES USINES. FAUDRA COMMENCER À LA BASE MAIS SI VOUS ÊTES MALINS, VOUS POURREZ VITE GRAVIR LES ÉCHELONS.
NE ME REMERCIEZ PAS, JE LE FAIS EN SOUVENIR DU BON VIEUX TEMPS !
HEU ... C'EST-À-DIRE QUE ... ON N'EST PAS TRÈS INTÉRESSÉS EN FAIT ...
FAIS ATTENTION À PAS LE VEXER, SAMEDI !
?!
« COMMENT ÇA, PAS INTÉRESSÉS ? » C'EST UN PEU FORT, ÇA !
CELA DIT, C'ÉTAIT TRÈS AIMABLE DE TA PART ! HEU ...
ON APPRÉCIE LE GESTE ...

VOUS FAITES RIEN DE CONCRET DANS LA VIE ET QUAND QUELQU'UN ESSAYE DE VOUS AIDER VOUS REFUSEZ?!
GROAAAAAR
JE SAIS PAS CE QUI ME RETIENT DE...
ATTENDS UNE SECONDE, BOB! JE DOIS T'EXPLIQUER QUELQUE CHOSE!
...?
VOILÀ, ON N'A PAS EU LE TEMPS DE TE DIRE, MAIS...
...EN FAIT, DIMANCHE ET MOI ON A UN PROJET D'ENTREPRISE!
ON VA MONTER UNE BOÎTE DE... DE...
... DE TAMPONNAGE DE FOUGÈRES ?
VOILÀ!
HA, HA! VOUS VOULIEZ PAS ME LE DIRE, PAS VRAI? VOUS AVIEZ PEUR DE LA CONCURRENCE! JE ME DISAIS AUSSI, ÇA RIME À RIEN CES HISTOIRES DE QUESTIONS, LÀ!! HA, HA!
SACRÉS PONCHI ET MOLFLANCHE!
MAIS C'ÉTAIT DE BONNE GUERRE! LES AFFAIRES SONT LES AFFAIRES, PAS VRAI? BON, JE DOIS RETOURNER AU BOULOT, VOUS SAVEZ CE QUE C'EST, LE TEMPS FILE!
ALLEZ, ON SE RAPPELLE UN DE CES JOURS!
ET N'OUBLIEZ PAS: FAUT FONCER!
GRRRRRR
UN DRÔLE DE GARS CE BOB!
OUI, ÇA FAIT TOUJOURS BIZARRE DE VOIR QU'UN AMI D'ENFANCE EST DEVENU UN TYRANNOSAURE!
JE ME DEMANDE QUAND MÊME S'IL NOUS A PAS CONFONDUS AVEC D'AUTRES AMIS À LUI...
...MAIS C'EST PAS TOUT DE SE POSER DES QUESTIONS: FAUT FONCER!
FONCER VERS LA CRISE DE LA CINQUANTAINE, TRÈS PEU POUR MOI!

SALUT, DIMANCHE! T'AS BIEN DORMI?
MOUAIF.
EN FAIT, JE ME SENS UN PEU MÉLANCOLIQUE!
OH... TU VOUDRAIS RENTRER, C'EST ÇA?
LA MER, LES OISEAUX, LES ARBRES, TOUT ME RAPPELLE NOTRE PLAGE!
AH BEN, D'AILLEURS, C'EST VRAIMENT NOTRE PLAGE, LÀ-BAS!
ÇA ALORS! ON A FINI PAR REVENIR À NOTRE POINT DE DÉPART!
ON AURAIT FAIT LE TOUR DE L'ÎLOT?
ET LÀ-BAS, Y A MÊME MA BAIGNOIRE! CELLE QUE J'AVAIS AU DÉBUT DE NOTRE AVENTURE!
C'EST FINI POUR VOUS, CAPITAINE RASCASSE!
ÊTES-VOUS SI SÛR, AMIRAL NARVAL?
EH, MAIS... TU ENTENDS?
RENDEZ-MOI CE BALLON, FÉLON!
VOUS DEVREZ D'ABORD M'ATTRAPER, HA, HA!
!?

DES LÉZARDS, COMME NOUS?
EH, LES ENFANTS! QU'EST-CE QUE VOUS FAITES DANS LE COIN?
?!
BEN, ON JOUE DEHORS, TIENS!
OUAIS, PARCE QUE SOUS TERRE ON N'A PAS LA PLACE...
SOUS TERRE?
LÀ OÙ IL Y A TOUS LES AUTRES LÉZARDS!
MAIS ON N'AIME PAS Y RESTER, C'EST PAS SYMPA LÀ-DESSOUS ...
DÉJÀ, ON EST TOUT LE TEMPS ENTASSÉS: ALORS, POUR JOUER AU BALLON, C'EST RÂPÉ.
Champ de racines
Dortoirs
Salle de sport
Embouteillage
Bureaux
Salle de concert
Cantine
MAIS, SI C'EST SI PÉNIBLE D'ÊTRE SOUS TERRE, POURQUOI NE PAS VIVRE DEHORS?
À CAUSE DU MONSTRE INVISIBLE!
GNYARRR!
ALLEZ, LES ENFANTS, RETOURNEZ DANS VOTRE TROU ET PLUS VITE QUE ÇA!
NAAAN! ON VEUT ENCORE JOUER!
ENCORE DES LÉZARDS! J'EN AI JAMAIS VU AUTANT!
REVENEZ! C'EST DANGEREUX DEHORS!
NNNNAAAARGGFFFGGBLLL
OH! NON! LE MONSTRE INVISIBLE!

IL FAUT FUIR, VIIIIITE !
UNE SECONDE, DIMANCHE ! CETTE HISTOIRE DE MONSTRE INVISIBLE M'INTRIGUE ...
FNARRRRFGLLBLOAARR !
CRAAC !
FRATCH !
SLAM !
RFFFFGBLOAAARR
LE FAIT DE NE PAS VOIR QUELQUE CHOSE CONTRIBUE À AMPLIFIER NOS PEURS SECRÈTES... ET SANS DOUTE CE MONSTRE N'EST-IL PAS AUSSI TERRIBLE QUE L'IDÉE QU'ON S'EN FAIT !
T'ES SÛR ?
SGRAA !
POF POF
TRAMP TRAMP TRAMP TRAMP TRAMP TRAMP TRAMP
GRAOR !
GLAAAAARRFFF
ALORS, ÇA FAIT QUOI DE SE FAIRE LAMINER PAR SES "PEURS SECRÈTES" ? ...
TAIS-TOI ET COURS !
HIIIIIIIIII !
HAAAAAA !
FREGLBOAR !
LES ENFANTS !
HIIIIIIIIIII !
HAAAA !
FFBLAAARRR
IL FAUT INTERVENIR ! LE MONSTRE VA S'ATTAQUER À EUX !
POF POF POF POF
T'ES FOU ! TU VEUX ENCORE TE FAIRE ÉCRASER À COUPS DE BÛCHE !
MAIS ON PEUT PAS RESTER SANS RIEN FAIRE !
ATTENDS, J'AI PEUT-ÊTRE UNE IDÉE ! ...

HHHiiiiiiiiiiiiiiiiiiiiiiiiiiiiiiiHHHAAAAAAAA
GROMFF!
À L'ASSAUT!
?
POC!
FLOUAAARRG
ALORS, TU L'AS IMPRESSIONNÉ ?
JE SUIS PAS TROP SÛR...
FLLBLAA
JE CROIS QUE TU L'AS BIEN ÉNERVÉ, OUI !
POC
BAM
FAIS LE DOS ROND.
FFBLOÂÂÂÂRRR
BOM
BAM
GRAOOFFBLOAAA
IL NOUS BALANCE MÊME DES ROBERTO, MAINTENANT !
?
POC
ROBERTO? ...
RAMÈNE-LE SOUS LA BAIGNOIRE !

SALUT, ROBERTO, QU'EST-CE QUE TU FAIS ICI?
À VRAI DIRE, JE SAIS PAS TROP.
JE FAISAIS MA SIESTE DANS CET ARBRE QUI S'EST SOUDAIN MIS À TREMBLER ... JE SUIS TOMBÉ ET PUIS J'AI ÉTÉ JETÉ SUR UNE BAIGNOIRE.
ET DESSOUS Y AVAIT MES AMIS SAMEDI ET DIMANCHE.
C'EST DRÔLE LA VIE, DES FOIS.
ET VOUS, QU'EST-CE QUE VOUS FAITES DANS CETTE BAIGNOIRE?
ON T'EXPLIQUERA PLUS TARD ...
... ON DOIT D'ABORD SE DÉBARRASSER D'UN GROS MONSTRE INVISIBLE ...
VOUS AVEZ ESSAYÉ DE LUI PARLER?
AH BEN, NON ... ON N'Y AVAIT PAS PENSÉ ...
TU CROIS QUE ÇA POURRAIT MARCHER?
... MONSIEUR LE MONSTRE INVISIBLE?
ON ... ON VOUDRAIT VOUS PARLER.
POC
ME PARLER? HEU ... C'EST-À-DIRE QUE ...
C'EST ASSEZ DÉCONCERTANT, JE NE SUIS PAS HABITUÉ À ÇA ...
VOUS VOULEZ PARLER DE QUOI, AU JUSTE?
VOILÀ, HEU ... ON VOUDRAIT SAVOIR POURQUOI VOUS EMBÊTEZ LES LÉZARDS COMME ÇA.
OOOF! POUR ÊTRE TOUT À FAIT FRANC, JE FAIS ÇA PAR DÉSOEUVREMENT ... J'AI PAS BEAUCOUP D'AMIS, ALORS JE M'ENNUIE ...
VOUS SAVEZ, C'EST PAS TOUS LES JOURS FOLICHON D'ÊTRE UN MONSTRE INVISIBLE ...
Y A PLEIN D'INCONVÉNIENTS ...

TENEZ, PAR EXEMPLE, COMME J'AI PAS DE REFLET, EH BEN JE PEUX PAS ME COIFFER CORRECTEMENT. J'AI L'AIR DE QUOI APRÈS AVEC DES ÉPIS PARTOUT ?
!
SI PAR BONHEUR JE PARVIENS QUAND MÊME À ME FAIRE BEAU ET QUE JE VAIS À UNE SOIRÉE, TOUT LE MONDE M'IGNORE...
ET LA NUIT, JE N'ARRIVE PAS À DORMIR PARCE QUE JE VOIS À TRAVERS MES PAUPIÈRES... ALORS JE FIXE LE LICHEN QUI TAPISSE LE PLAFOND DE MA GROTTE.
POUR M'OCCUPER, J'INVENTE DES POÈMES. VOUS VOULEZ EN ENTENDRE UN ?
HEU... OUI-OUI, VOLONTIERS...
VOUS ÊTES SÛRS QUE ÇA NE VOUS ENNUIE PAS, HEIN ?
BON, D'ACCORD ALORS...
BRRMM, BRUM...
"Ô Lichen mon ami, Je pense à toi La nuit."
...ALORS, ÇA VOUS PLAÎT ?
OUI... OUI... C'EST... C'EST TRÈS BEAU !
TRÈS TOUCHANT.
ÇA ME FAIT PLAISIR D'AVOIR UN PUBLIC ! JE ME SENS SI SEUL PARFOIS...
MAIS SORTEZ DE SOUS CETTE BAIGNOIRE, ÇA NE RIME À RIEN DE DISCUTER DE CETTE FAÇON !
VOUS SAVEZ... NOUS AUSSI AU DÉBUT, ON PENSAIT ÊTRE SEULS AU MONDE...
ET PUIS ON A VOYAGÉ, ON A RENCONTRÉ PLEIN DE MONDE...
FINALEMENT, ON A TROUVÉ D'AUTRES LÉZARDS COMME NOUS !

VOUS DEVRIEZ PEUT-ÊTRE VOYAGER, VOUS AUSSI! POUR RENCONTRER D'AUTRES MONSTRES INVISIBLES!
MAIS COMMENT JE FERAI POUR LES VOIR S'ILS SONT INVISIBLES?
Z'ÊTES MARRANTS, VOUS!
VOUS POURRIEZ DÉCLAMER VOS POÈMES!
OUI, COMME ÇA LES AUTRES MONSTRES INVISIBLES N'AURONT AUCUN MAL À VOUS REPÉRER!
ET EN PLUS ILS VERRONT À QUEL POINT VOUS AVEZ UNE BELLE ÂME!
MA FOI, C'EST UNE EXCELLENTE IDÉE! JE VAIS IMMÉDIATEMENT PRÉPARER MES BAGAGES!
"Quand la Lune est pleine, Lichen, lichen, Mon Esprit se promène, Lichen, lichen."
BON, APRÈS TOUTES CES ÉMOTIONS, UNE SIESTE S'IMPOSE.
LE MONSTRE EST PARTI!
FAUT ANNONCER LA BONNE NOUVELLE AUX AUTRES LÉZARDS!
ZZZZ
VENEZ!
LE MONSTRE EST PARTI!
GRÂCE À NOS NOUVEAUX COPAINS!
C'EST VRAI?
PLUS DE MONSTRE?
CE SERAIT TROP BEAU!
MAIS D'OÙ VENEZ-VOUS, AU JUSTE? ON VOUS AVAIT JAMAIS VUS! RACONTEZ-NOUS DONC!
C'EST-À-DIRE QUE... ÇA RISQUE DE PRENDRE LONGTEMPS!
AUCUNE IMPORTANCE : NOUS PRENDRONS LE TEMPS QU'IL FAUDRA...

BON, ON VOUS LAISSE UN MOMENT, ON AIMERAIT BIEN REVOIR NOTRE PLAGE !
À TRÈS BIENTÔT !
REPASSEZ DONC CE SOIR !
ET CONFIRMEZ-NOUS SI LE MONSTRE INVISIBLE EST PARTI POUR DE BON !
C'EST BIEN QU'ON AIT AIDÉ CES DEUX GAMINS, HEIN ?
C'EST VRAI.
PEUT-ÊTRE QUE QUAND ON ÉTAIT PETITS, ON A AUSSI ÉTÉ POURSUIVIS PAR LE MONSTRE INVISIBLE ET QU'ON S'EST PERDUS...
ON NE LE SAURA SANS DOUTE JAMAIS.
MAIS TU NE TE POSES PLUS VRAIMENT LA QUESTION, PAS VRAI ?
BEN, NON.
JE DOIS ÊTRE GUÉRI DE MA QUESTIONNITE AIGUË, FINALEMENT !
HEU... DIMANCHE ?
...TU CROIS QU'ELLE M'A REMARQUÉ LA LÉZARDE AVEC LA PETITE ROBE ROUGE ?

Cœurs de palmier

SALUT, SAMEDI ET DIMANCHE!
VOUS VENEZ AVEC NOUS AU GRAND DÉBAT? ON VA BIEN RIGOLER!
J'EN CONNAIS UN QUI EST DÉJÀ EN TRAIN DE SE POSER DIX MILLE QUESTIONS.
ET MOI J'EN CONNAIS UN QUI A LE CHOIX ENTRE ALLER AU DÉBAT AVEC MOI OU FAIRE LA VAISSELLE.
JE DOIS RECONNAÎTRE QUE C'EST ASSEZ INTRIGANT, CETTE HISTOIRE DE GRAND DÉBAT, EN FIN DE COMPTE.

BON, ALORS, IL EST OÙ, CE DÉBAT ?
ÇA A L'AIR D'ÊTRE LÀ-BAS.
ÇA A DÉJÀ COMMENCÉ.
CELA DIT, JE NE VOIS PAS LES GAMINS.
JE NE SUIS PAS D'ACCORD AVEC VOS ARGUMENTS ! LES CHOSES ONT CHANGÉ !
LE MONSTRE INVISIBLE QUI NOUS TERRIFIAIT A QUITTÉ LA RÉGION : NOUS POUVONS SORTIR DE NOS TERRIERS EN TOUTE SÉCURITÉ.
MARRE D'HABITER SOUS TERRE !
IL EST TROP TÔT POUR ÊTRE SÛR QUE LE MONSTRE EST VRAIMENT PARTI ... NOUS DEVONS MESURE GARDER...
JEUNES BLANCS-BECS !
EDMOND, CALME-TOI.
ON N'EN PEUT PLUS D'HABITER CES CAVES MOISIES OÙ L'ON NOUS OBLIGE À VIVRE !
NOUS VOULONS COURIR DANS LES HERBES HAUTES, SENTIR LES POILS DE NOS MOLLETS BATTRE FOLLEMENT DANS LE VENT !
ÉCOUTEZ, NOUS COMPRENONS VOS ATTENTES ! NOUS AUSSI, QUAND NOUS ÉTIONS JEUNES, NOUS VOULIONS NOUS BATTRE FOLLEMENT LES MOLLETS ET COURIR DANS LES POILS.
DÉLINQUANTS !
MAIS L'EXTÉRIEUR EST TROP GRAND, TROP INCONTRÔLABLE... ALORS QU'EN DESSOUS, TOUT EST BIEN RODÉ, NON ?
MORVEUX !
PAR CONTRE, NOUS POURRIONS RENDRE VOS TERRIERS PLUS AGRÉABLES À VIVRE... QUE DIRIEZ-VOUS D'INSTALLER QUELQUES GUIRLANDES EN CRÉPON DANS LES CAVES LES PLUS MOISIES ?
HOULÀ ... PAS DE DÉCISION HÂTIVE ... IL FAUDRA SOUMETTRE CETTE PROPOSITION AU CONSEIL DES FÊTES...
AÏE !
VOUS NE NOUS COMPRENEZ PAS !

ET SI NOUS DEMANDIONS À SAMEDI ET DIMANCHE? C'EST GRÂCE À EUX QUE LE MONSTRE INVISIBLE EST PARTI... ET ILS VIVENT DEHORS DEPUIS LONGTEMPS, EUX!
ALORS, SAMEDI? À TON AVIS? ON DOIT QUITTER NOS TERRIERS OU PAS?
MOI?... EH BIEN... JE PENSE QUE... QUE LE... LE...
...
SAMEDI... TOUT LE MONDE NOUS REGARDE...
...
...
HEU... CE QUE SAMEDI VEUT DIRE, C'EST QUE...
POK!
AÏE!
ENFIN, JE SAIS PAS TROP COMMENT C'EST, LÀ-DESSOUS, MAIS SAMEDI ET MOI, ON TROUVE QUE C'EST PLUTÔT COOL DE VIVRE DEHORS.
WEE!
OUAIS!
DEHORS!
DIMANCHE!
COOL!
SAMEDI!
BEN ALORS, POURQUOI T'ES RESTÉ MUET?
À CAUSE DE LA LÉZARDE À LA ROBE ROUGE...
T'AS ÉTÉ SUPER, SAMEDI!

ELLE ME REGARDAIT, ET SES YEUX ÉTAIENT COMME...
COMME ...
COMME JE SAIS PAS TROP QUOI.
JE N'AVAIS JAMAIS RESSENTI ÇA AVANT... C'EST BIZARRE.
NOS CIBLES SE SONT DISPERSÉES...
PAS GRAVE, ON VA BIEN EN TROUVER D'AUTRES!
ET C'ÉTAIT BIEN?
OUI... C'ÉTAIT... FANTASTIQUE!
EDMOND! REVIENS IMMÉDIATEMENT!
ALORS, TU AS DE LA CHANCE.
LIBRE! LIBRE!
LIBRE! LIBRE!
YOUPII!
LES OISEAUX!
LE SOLEIL!
LES NUAGES!
LA FALAISE!
?
ÔÔÔÔÔ
MMMMM
ÂÂÂÂ
VENEZ VOIR LES BELLES PLUMES
?!

EN TOUT CAS, LES LÉZARDS ONT L'AIR CONTENTS. DE DÉCOUVRIR L'ÎLOT.
BON, ALLEZ, JE VAIS ME PROMENER UN PEU, ON SE RETROUVE CE SOIR?
D'ACCORD.
VOS AMIS METTENT UNE SACRÉE PAGAILLE ...
SALUT, ROBERTO.
DIS DONC, SAMEDI, TU SERAIS PAS UN PEU AMOUREUX, PAR HASARD?
AMOUREUX? MOI?
MAIS C'EST HORRIBLE!
TOUT LE MONDE VA LE VOIR!
N'AYONS L'AIR DE RIEN.
FIFUUUUU FIFIII FUUUUUU
SAMEDI?
SALUT! JE M'APPELLE LIZA...
JE SUIS CONTENTE DE TE CONNAÎTRE.
FIFUUUUU FUFIFI FUUUUU

JE VAIS ALLER VISITER UN PEU L'ÎLOT, TU VEUX M'ACCOMPAGNER ?
BOAAF !
N'AYONS-L'AIR-DE-RIEN-N'AYONS-L'AIR-DE-RIEN-N'AYONS-L'AIR-DE-RIEN.
BON... J'Y VAIS TOUTE SEULE, ALORS... J'ESPÈRE QU'ON SE REVERRA UN DE CES JOURS.
BOAAAF !
TAPETAPETAP
BOAAF !
BOAAAF.
BOAF ?
MAIS POURQUOI J'AI FAIT ÇA ?!
ELLE EST TOUTE MIGNONNE, ET MOI JE TROUVE RIEN DE MIEUX À FAIRE QUE DE NE PAS LUI PARLER DU TOUT !
¡DIOT ! ¡DIOT ! ¡DIOT !
SLAP ! FLAP ! SLAP !
CRAC
STOMP
JE... JE FERAIS MIEUX D'ALLER ME COUCHER, MOI...

SALUT, SAMEDI !
EH, "C'EST COOL" HEIN ? HA, HA !
SALUT ...
OUAIS, "C'EST COOL" ...
QU'EST-CE QUE VOUS FAITES DE BEAU ?
ON A TROUVÉ DES FRUITS AUX COULEURS FANTASTIQUES, ON VA BIEN SE RÉGALER !
POUF
HEU, MÉFIEZ-VOUS, JE PENSE QU'ILS NE SONT PAS MÛRS.
HA ! QU'EST-CE QU'ON VOUS AVAIT DIT ?!
VOUS AVEZ ENTENDU SAMEDI ? IL NE FAUT PAS MANGER CES FRUITS, ILS SONT DANGEREUX !
REVENEZ SOUS TERRE, ON A PRÉPARÉ DU GRATIN DE RACINE ! SENTEZ-MOI CE FUMET !
ON FAIT CE QU'ON VEUT !
C'EST ÇA, LE LIBRE ARBITRE !
LE LIBRE ARBITRE, "C'EST COOL" !
MIAMMM, HMMMMM, QUEL RÉGAL !
HMMM ...
MIAM, MIAM ...
EURK
RMF
BEUH
HÉÉÉ, LES GARS ! J'AI TROUVÉ DES CHAMPIGNONS TROP COOL, LÀ-BAS !
OUAiiiS ! ON VA ESSAYER ÇA AUSSI !
LES GROS PAPILLONS, ILS ME SOURIENT AVEC LEURS DENTS GRASSES.
QU'EST-CE QU'ON S'AMUSE, DEHORS !
REVENEZ !

TIENS ! ... DIMANCHE N'EST PAS ENCORE RENTRÉ ?
IL DOIT FAIRE LA FÊTE AVEC LES AUTRES...
DEMAIN, J'ESPÈRE QUE JE RECROISERAI LIZA.
QUAND JE LA VERRAI, JE LUI DIRAI...
JE LUI DIRAI :
Salut, Liza, je suis content de te revoir. Ça te dirait de te balader ?
Oh, Samedi !
Tout cela est si nouveau pour moi, si... déroutant !
N'aie pas peur, avec moi, tu ne risques rien.
On t'a déjà dit que tes yeux étaient... attirants comme deux grosses guimauves ?
NON, C'EST PAS TERRIBLE, ÇA.
On t'a déjà dit que tes yeux étaient... aussi beaux que deux perles noires ?
VOILÀ, FAUT QUE J'LE NOTE !
Oh, Samedi !
SMOATCH !
JE CROIS QUE JE VAIS ESSAYER DE DORMIR...

C'EST LE MATIN!
TSOIN, TSOIN!
...C'EST UNE MERVEILLEUSE JOURNÉE QUI COMMENCE!
BZOIIING!
LA LILA DI DOU DIDA
LILI!
LIZA, LIZA!
LIZA!
ZA-ZA!
LA VOILÀ!
SALUT, LIZA, CONTENT DE TE REVOIR! ÇA TE DIRAIT D'ALLER TE BALADER?
SALUT LIZA! !!?!
AH, TIENS! SALUT, SAMEDI. JE TE PRÉSENTE MON AMI LÉON.
ON VA FAIRE UN TOUR DANS LA FORÊT. TU NOUS ACCOMPAGNES?
CONTENT DE BALADER ÇA REVOIR!
NON?
SI JAMAIS TU CHANGES D'AVIS, N'HÉSITE PAS À NOUS REJOINDRE!
LÉON?!
CRAC

SALUT, DIMANCHE!
SALUT!
?
LES PALMIERS ME REGARDENT... ILS SONT SOURNOIS, SOURNOIS, SOURNOIS...
EEH, DIMANCHE! TU VAS PÊCHER?
OUI, J'AIME BIEN PÊCHER LE MATIN. JE TROUVE ÇA CLASSE!
OUAAIIIS! ON PEUT PÊCHER, NOUS AUSSI?
ÇA SERAIT CLASSE!
SI VOUS VOULEZ. CHACUN EST LIBRE DE FAIRE CE QU'IL VEUT SUR L'ÎLOT...
CLASSE! CLASSE!
VITE, DES CANNES!
?
T'AS RAISON, C'EST CLASSE!
OUAIS, COOL!
OUI, BON, JE VAIS PÊCHER PLUS LOIN...
TIENS!... SAMEDI?
SALUT, DIMANCHE.

DIS DONC T'AS L'AIR TOUT RAPLAPLA, ÇA VA?
BOAF.
ET TOI, T'ÉTAIS OÙ, CETTE NUIT?
OH... J'AI RENCONTRÉ UNE LÉZARDE. ON A PASSÉ UN PEU DE TEMPS ENSEMBLE.
T'ES SORTI AVEC UNE LÉZARDE?! ÇA ALORS!!
MAIS COMMENT T'AS FAIT?
COMMENT T'AS SU QU'ELLE VOULAIT BIEN SORTIR AVEC TOI?
Y A DES SIGNES QUI NE TROMPENT PAS.
DES SIGNES? QUELS SIGNES?
SA FAÇON DE RIRE... LES REGARDS QU'ON ÉCHANGEAIT... C'ÉTAIT ÉVIDENT QU'ON S'AIMAIT BIEN.
ET TOI, AVEC LA FILLE AUX JOLIS YEUX?
OH, LIZA... JE CROIS QUE JE NE L'INTÉRESSE PAS. JE L'AI VUE SE PROMENER AVEC UN AUTRE TYPE.
C'ÉTAIT PEUT-ÊTRE JUSTE UN BÊTE COPAIN.
TU CROIS?! MAIS COMMENT JE PEUX EN ÊTRE SÛR?
JE DEVRAIS SANS DOUTE ENGAGER UN DÉTECTIVE!
CE SERAIT PLUS SIMPLE D'ALLER LE LUI DEMANDER DIRECTEMENT.
J'AI UNE IDÉE : ON VA LA RETROUVER, ET TU VAS L'INVITER À DÎNER.
QUOI?!! DEMANDER À LIZA!? MAIS T'ES FOU!! T'ES FOU!!
L'INVITER À ... T'ES FOU!

HÉ! LES CAFTEURS! JE CHERCHE LA LÉZARDE DONT SAM EST AMOUREUX.
QUE...?
ELLE EST ALLÉE SUR LA FALAISE!
TU VIENS, SAMEDI? JE TE RAPPELLE QUE TU DOIS L'INVITER À DÎNER!
MAIS ARRÊTE, DIMANCHE! JE SUIS PAS PRÊT!
MPOF
ELLE EST SEULE! FONCE!
CHUIS PAS PRÊÊÊT!
MAIS SI! JE VAIS TE DONNER UN COUP DE MAIN!
?
SPOMF
HAHA! QUELLE TÊTE TU FAIS, SAMEDI!
JE LA FAIS RIRE!
CE DOIT ÊTRE "UN SIGNE QUI NE TROMPE PAS".
TU COMPTES RESTER LONGTEMPS PAR TERRE?
...
...
...
ALORS VOILÀ, SAMEDI VEUT T'INVITER À DÎNER CE SOIR. ÇA TE VA?
AH BON?

C'EST VRAI, SAMEDI? TU VEUX M'INVITER À DÎNER?
...JE VOUS LAISSE.
EUUUUUUUUH... BEN OUI... SI ÇA TE DÉRANGE PAS...
EH BIEN, POURQUOI PAS!
LA VUE EST BELLE, D'ICI, N'EST-CE PAS?
ELLE ME DEMANDE MON AVIS!
C'EST UN SIGNE? ÇA VEUT DIRE QUE JE COMPTE À SES YEUX?
ELLE FAIT JOUER SES CHEVEUX DANS LE SOLEIL!
ELLE TENTE DE SE METTRE EN VALEUR POUR SÉDUIRE? C'EST UN SIGNE?
HOULÀLÀ! ELLE ME PARLE CARRÉMENT!
C'EST SÛREMENT UN SIGNE QUI NE TROMPE PAS.
ENFIN, JE CROIS.
TU M'ÉCOUTES, SAMEDI?
HEU, OUI, OUI, OUI!
BON, ON SE RETROUVE CE SOIR. D'ACCORD?
D'ACCORD.
ELLE A ACCEPTÉ MON INVITATION...
MAIS, EST-CE VRAIMENT "UN SIGNE QUI NE TROMPE PAS"?
ARBRE DU DESTIN
SI J'OSAIS...
ARBRE DU DESTIN

SALUT, L'ARBRE.
TIENS, TIENS, MAIS REGARDEZ DONC QUI S'AMÈNE ! ...
SAMEDI LE LÉZARD ! EST-CE QUE TU SERAIS ENFIN INTÉRESSÉ PAR MES SERVICES ?
MFF...
ÇA SE POURRAIT.
HA, HA ! TU VEUX SAVOIR SI LIZA T'AIME VRAIMENT, C'EST ÇA ?
DÉCIDÉMENT, TOUT LE MONDE EST AU COURANT !
ALORS, OUVRE BIEN TES MIRETTES, LÉZARD.
PLIC
ET, VOILÀ L'TRAVAIL !
J'Y COMPRENDS RIEN.
C'EST POURTANT CLAIR : LE PENDU EST À CHEVAL SUR LA GRANDE PAILLASSE DE L'ABEILLE À TROIS AILES.
ÇA VEUT DIRE QUE VOUS ALLEZ VOUS MARIER, AVOIR 18 NIARDS ET QUE VOUS VIEILLIREZ ENSEMBLE DANS DES PULLS EN ANGORA.
C'EST... C'EST VRAI ?
SI J'TE L'DIS.
ALLEZ, LAISSE-MOI MAINTENANT, J'AI DU BOULOT !
SALUT, L'ÉCUREUIL !
CETTE FOIS, C'EST DANS LA POCHE !
TU MOURRAS DANS DEUX JOURS D'UNE CHUTE DE SKI.
ZUT.

SALUT, SAMEDI... HEU...
JE M'APPELLE GÜNTA.
RAHEUM, BRMM.
ÇA TE DIRAIT DE DÎNER AVEC MOI UN DE CES JOURS?
EUH... MA FOI, POURQUOI PAS?
CE SOIR!
HOULÀ! NON, PAS CE SOIR!
JE DOIS Y ALLER, LÀ...
À TRÈS BIENTÔT, ALORS!
OUI, OUI.
PAUVRE GÜNTA, ELLE A L'AIR DE BEAUCOUP M'AIMER...
MAIS MON COEUR EST DÉJÀ PRIS!
BIIING!!
ROBERTO?! BEN, OÙ TU VAS COMME ÇA?
JE VAIS M'INSTALLER AILLEURS.
CE COIN D'ÎLOT DEVIENT DIFFICILE À VIVRE.
AH BON?
JE COMMENCE À EN AVOIR RAS LE BEC, DE TES AMIS LÉZARDS! ILS S'INSTALLENT PARTOUT ET N'IMPORTE COMMENT!...
REGARDE-MOI CE TRAVAIL!

TU PARLES D'UNE ORGANISATION!
EN PLUS, ILS ADORENT DÉCORER LEURS MAISONS AVEC DES FLEURS DE SEL.
J'AI BEAU LEUR EXPLIQUER QUE CES FLEURS METTENT 217 ANS POUR POUSSER, ILS S'EN FICHENT COMPLÈTEMENT. ILS LES CUEILLENT PAR PAQUETS.
C'EST MOCHE.
ÇA VA FAIRE UN BEAU GÂCHIS, TIENS. JE PRÉFÈRE ENCORE NE PAS VOIR ÇA.
ROBERTO EST D'HUMEUR RONCHONNE?
ON DIRAIT BIEN, OUI.
RRM... BONJOUR, MADEMOISELLE...
JULIE.
MADEMOISELLE JULIE ...
ÇA A L'AIR D'ALLER, POUR TOI...
SUPER, ET TOI?
IMPEC!
ALLEZ, SALUT!
HÉ, HÉ!
HÉ, HÉ!

C'ÉTAIT TRÈS BON...
MERCI.
LA VIE À LA SURFACE EST DÉCIDÉMENT SI DOUCE ! TOUT EST SI BEAU, ICI...
AU FAIT, TU SAIS OÙ JE POURRAIS TROUVER DES FLEURS DE SEL ? ELLES SONT SI JOLIES !
EUH...
ALORS QUE SOUS TERRE, TOUT EST LAID ET ÉTROIT... ON Y ÉTOUFFE.
ET PUIS IL Y A DES RÈGLEMENTS SI IDIOTS !
PAR EXEMPLE, LÀ-DESSOUS, LES MARIAGES SONT DÉTERMINÉS PAR UNE LOTERIE.
HEIN ?
C'EST UNE ROUE QUI CHOISIT QUI SE MARIE AVEC QUI.
JE NE PEUX PAS VIVRE COMME ÇA. JE VEUX CHOISIR LE LÉZARD AVEC QUI JE PASSERAI MA VIE.
AH OUI ?
EST-CE QUE JE DOIS LUI DIRE QUE JE L'AIME ?
LÀ, MAINTENANT ?
GGG.
HÉ LIZA !

LIZA, REGARDE! T'AS VU COMME JE SUIS FORT?
CRAC CRAC
QUI C'EST?
CRAAC CRAC
UN LÉZARD QUI VEUT ATTIRER MON ATTENTION. QUEL FANFARON!
HAHA! JE ME DEMANDE QUAND CE GROS MALIN EN AURA MARRE DE CASSER TOUS CES BOUTS DE BOIS!
OUI, C'EST VRAI, HAHA!
J'AIME QUAND ELLE RIT AVEC MOI...
BON, ALLEZ, JE VAIS ME COUCHER. MERCI POUR LE DÎNER, SAMEDI.
BIZZ
DE... DE RIEN!
ELLE M'A FAIT UN BISOU!
YOUP!
YAAP!
YEEP!

J'AI CHOISI LES PLUS JOLIES, LIZA VA ÊTRE CONTENTE !
?
REGARDE !
RZZZZ
HAHA ! C'EST ROBERTO QUI REVIENT !
TOUJOURS À VOLER EN DORMANT... LUI QUI VOULAIT S'EN ALLER D'ICI !
TOK
RZZZZAÏE !
HÉÉÉ ! MAIS ÇA VA PAS, LA TÊTE ?!
SCROUTCH
J'L'AI EU !
HIHI !

VOUS ÊTES FIERS DE VOUS?
MAIS EUUUH!
C'ÉTAIT JUSTE POUR RIRE!
QU'EST-CE QUI SE PASSE, ICI?
CES GARNEMENTS ONT JETÉ UNE NOIX DE COCO SUR ROBERTO PENDANT QU'IL VOLAIT!
C'EST VRAI? ILS VISENT SACRÉMENT BIEN!
RESTERAI PAS UNE SECONDE DE PLUS ICI!
MAIS ÇA NE SE FAIT PAS! ROBERTO AURAIT PU SE BLESSER!
BOOOH, ILS NE PENSAIENT PAS À MAL... CE NE SONT QUE DES ENFANTS!
DANS LA VIE, FAUT SAVOIR RESTER "RELAX"!
C'EST CLASSE, D'ÊTRE "RELAX"!
OUAIS, OUAIS, RELAX!
COOL!
MOUAIS! T'AS PEUT-ÊTRE RAISON.
JOLI TEE-SHIRT!
ET JULIE, ELLE EST OÙ?
JULIE? JE SAIS PAS TROP. TU VEUX VENIR PÊCHER AVEC MOI?
TOUT À L'HEURE, PEUT-ÊTRE. LÀ, J'AI RENDEZ-VOUS AVEC LIZA.
OK. À PLUS!
OUAIS, À PLUS!

AÏE!
OUILLE!
...J'Y COMPRENDS RIEN...
C'EST PAS RELAX, LA PLUIE.
...J'AVAIS CRU QUE ...
MOI, JE RETOURNE SOUS TERRE.
...ET AVEC CE TYPE IDIOT QUI CASSAIT DES BOUTS DE BOIS, EN PLUS!
HÉ, SAMEDI!
BONJOUR, EUH...
YOLANDE.
YOLANDE.
ELLE EST MIGNONNE, PAS VRAI? HÉHÉ!
OUAIS, SUPER!
ET TOI, ÇA ROULE? HÉHÉ!
OUAIS, EUH... IL FAUT QUE J'Y AILLE, LÀ...
AH?

AUBERGE DU SOLITAIRE
UN TRIPLE !
C'EST DUR, QUAND UNE FILLE VOUS LAISSE TOMBER, PAS VRAI ?
OUAIS.
SURTOUT QUAND L'ÉLÉPHANT VOUS TOMBE DESSUS !...

YouHouuu!
BEN T'ES LÀ, TOI? T'ÉEES PAS AVEC UNE FILLE?
JE ME FAISAIS UN PEU DE SOUCI POUR TOI. TU N'AVAIS PAS L'AIR TRÈS EN FORME, TOUT À L'HEURE.
MAIS SIIIIIIII! ALLEZ, J'VAIS BIEN.
TIENS, J'MANGERAIS BIEN UN PEU D'TERREAU, MOI.
SAMEDI, ÇA VA?
QU'EST CE QUE T'EN AS À FICHE?
SCROUNTCH SCROUNTCH
ET ARRÊTE DE ME REGARDER AVEC CET AIR NAVRÉ! J'VAIS TRÈS BIEN!
C'EST À CAUSE DE LIZA?
LIZA, LIZA? PARLONS-EN, DE LIZA!
LIZA, EH BEN ELLE M'AIME PAS! ELLE PRÉFÈRE LES GROS LOURDS QUI PÈTENT DES BRANCHES!

ET MALGRÉ ÇA, ELLE FAIT RIEN QU'À M'ENVOYER DES SIGNES!
J'T'ASSURE! ...
ET VAAAAS-Y QU'ELLE AGITE SA TÊTE DANS LE SOLEIL!... ET VAAAAS-Y QU'ELLE ACCEPTE EFFRONTÉMENT MES INVITATIONS À DÎNER!...
MÊME L'ARBRE DU DESTIN S'EST LAISSÉ PRENDRE!
AH! ELLE EST FORTE!
EH BEN, JE DIS NON! QUAND ON N'AIME PAS QUELQU'UN, ON LUI ENVOIE PAS DES SIGNES!! FAUDRAIT VOIR À ÊTRE UN PEU PLUS RIGOUREUSE, VOILÀ!!
T'ES PAS RIGOUREUSE, LIZA.
AH, ÇA! POUR METTRE TES CHEVEUX EN VALEUR, T'ES PAS LA DERNIÈRE, LIZA! ...
TU TE RENDS COMPTE DU MAL QUE TU ME FAIS?
COURAGE, SAMEDI...
CLIC
LES MAUVAIS MOMENTS NE DURENT JAMAIS LONGTEMPS.

DING DONG DONG DING!
DRELINGONGONGLIN-GOUIK!
GNARRÊTEZ! GNNARRIVE!
GNN?
OH, SAMEDI, JE SUIS DÉSOLÉE DE TE DÉRANGER. JE PENSAIS TOMBER SUR DIMANCHE. MAIS JE VOIS QU'IL N'EST PAS LÀ...
TU POURRAS LUI DIRE QUE JE SUIS PASSÉE? TU TE RAPPELLES DE MOI?...
EUH... YOLANDE, C'EST ÇA?
NON, MOI, C'EST JULIE...
ATTENDS, JE VOULAIS PAS TE VEXER, JE SUIS DÉSOLÉ!... C'EST LA FATIGUE, JE...
CE N'EST PAS TA FAUTE, VA... C'EST PLUTÔT CELLE DE DIMANCHE.
EH BEN, LA JOURNÉE COMMENCE FORT.
LES CAFTEURS, JE VOUDRAIS PARLER À ROBERTO.
IL EST PRÈS DE LA MAISON QUI SOUPIRE.

J'AI PAS L'MORAL, ROBERTO.
C'EST CETTE FILLE... JE PENSE À ELLE TOUT LE TEMPS... JE CROYAIS QU'ELLE M'AIMAIT... ET PUIS NON.
MHMM, LES PREMIERS SENTIMENTS AMOUREUX, ÇA FAIT TOUJOURS UN PEU MAL.
TU PEUX POSER TA TÊTE SUR MON VENTRE, SI TU VEUX.
MERCI.
CE QUI EST ÉTONNANT, C'EST QUE PLUS TARD, CE SONT CES MOMENTS-LÀ QU'ON REGRETTE LE PLUS : LES INCERTITUDES, LES DÉCEPTIONS, LES PREMIÈRES ÉMOTIONS FORTES...
L'ESPÈCE DE LENTE AGONIE QUE JE SUIS EN TRAIN D'ENDURER, C'EST CENSÉ ÊTRE LE MEILLEUR MOMENT ?
...
BEN, JE SUIS PAS SÛR D'AVOIR ENVIE DE CONNAÎTRE LA SUITE DU PROGRAMME !
MOI AUSSI, AVEC RITA, J'AI EU DES HAUTS ET DES BAS.
?

OUI, UN SACRÉ BOUT DE BONNE FEMME. ELLE AVAIT UN DE CES CARACTÈRES! TU VEUX VOIR SA PHOTO?
ALORS, TU LA TROUVES COMMENT?
!?
EUH... INCOMPARABLE ...
ON A ÉTÉ ENSEMBLE PENDANT DIX ANS, ET PUIS ELLE EST PARTIE.
C'EST DUR, DE SE DIRE QU'ON NE PEUT PLUS SERRER DANS SES BRAS UNE PERSONNE QU'ON A AIMÉE...
OUI.
HHHHHHhhhh
PFFFFFFFF
MAIS ALLEZ! TU EN TROUVERAS BIEN UNE AUTRE!
TOUT LE MONDE FINIT PAR TROUVER L'ÂME SOEUR.
MÊME LUI, LÀ-BAS?
RMMMM, À PEU PRÈS TOUT LE MONDE...
EN FAIT, J'AI PAS ENVIE DE TROUVER QUELQU'UN D'AUTRE QUE LIZA.
BON... EH BIEN, RETOURNE LUI PARLER, ALORS ...
TU CROIS QUE ÇA SERVIRA À QUELQUE CHOSE?
NON, MAIS ÇA SERA TOUJOURS MIEUX QUE DE RESTER ICI À GEINDRE SUR ELLE ...

EN FAIT, JE FERAIS MIEUX DE ME FAIRE À L'IDÉE QU'ELLE EN AIME UN AUTRE ET QUE NOUS NE SERONS JAMAIS QUE DE SIMPLES AMIS.
MAIS, APRÈS TOUT, C'EST DÉJÀ TRÈS BEAU, UNE AMITIÉ VÉRITABLE. C'EST QUELQUE CHOSE DE RARE ET DE PRÉCIEUX.
VOILÀ, JE VAIS ALLER LA VOIR ET LUI DIRE COMBIEN JE SUIS HEUREUX ET HONORÉ D'ÊTRE SON AMI, JE ME SENTIRAI PLUS SEREIN APRÈS...
HELLO, LIZA !
OH ! SAMEDI...
SAMEDI ! BOUHOUHOU !
TU VEUX BIEN RESTER UN PEU AVEC MOI ? JE ME SENS SI SEULE ET SI TRISTE...
EUH, OUI.
MERCI... TU ES SI GENTIL !
C'EST TOUT NATUREL. TU SAIS, JE SUIS TON AMI !
ELLE EST TOUT CONTRE MOI ! JE L'AIME !! JE LA VEUX POUR MOI TOUT SEUL !!!

ALORS, LIZA, QU'EST-CE QUI NE VA PAS ?
TONY ET MOI, C'EST FINI.
CELUI... RRMM... QUI CASSAIT DES BOUTS DE BOIS ?
ELLE A ROMPU !
OUI, C'ÉTAIT RIEN QU'UNE BRUTE INSENSIBLE, EN FIN DE COMPTE.
..., AU DÉBUT, C'ÉTAIT VRAIMENT BIEN. MAIS APRES, IL EST DEVENU INSUPPORTABLE !
IL LUI ARRIVAIT D'AVOIR SOUDAIN LES YEUX DANS LE VAGUE ET D'ÉMETTRE DES SONS INCONGRUS...
OG !
EUK !
PARFOIS, IL ME SECOUAIT SOUDAINEMENT COMME UN GROS BRUTOS.
WIP
WIP
WIP
OU BIEN ENCORE, IL PASSAIT DES HEURES À S'OCCUPER COMME UN IDIOT.
BRMMBRMM
LES HOMMES, C'EST SOUVENT DE SALES TYPES... POURQUOI JE NE TOMBE JAMAIS SUR QUELQU'UN COMME TOI ?
...BEN OUI, POURQUOI ?
DIS, SAMEDI, TU VOUDRAIS PAS ALLER LUI PARLER ? POUR M'AIDER À COMPRENDRE CE QUI S'EST PASSÉ ?
MOI ? ALLER VOIR CE TONY ?!
EUH... MAIS BIEN SÛR ! SI ÇA PEUT T'AIDER À RETROUVER LE SOURIRE !

OH, TIENS, REGARDE QUI VOILÀ !
MAIS QU'EST-CE QUI M'A PRIS D'ACCEPTER ? ...
EUH, BONJOUR ...
BONJOUR.
... GÜNTA ?
C'ÉTAIT POUR NOTRE DÎNER, SAMEDI, JE VOULAIS SAVOIR QUAND EST-CE QUE... ENFIN, SI TU VOULAIS TOUJOURS... EUH...
LE... DÎNER ?...
VOUS ALLEZ DÎNER ENSEMBLE ? C'EST GÉNIAL !
ALORS, JE NE VAIS PAS VOUS DÉRANGER PLUS LONGTEMPS ! ...
MAIS NON, TU NE NOUS DÉRANGES PAS ! RESTE !
TIENS-MOI AU COURANT, POUR TONY !
JE SUIS MAL TOMBÉE, J'AI L'IMPRESSION.
UN PEU, OUI.
EN FAIT, TU NE M'AIMES PAS, C'EST ÇA ?...
HEIN ?... JE...

...TU SAIS, JE PRÉFÈRE QUE TU SOIS FRANC. COMME ÇA, JE SOUFFRIRAI MOINS LONGTEMPS.
...C'EST PAS QUE JE NE T'AIME PAS, GÜNTA, C'EST QUE... QUE JE NE SUIS PAS AMOUREUX DE TOI.
BEN, TU VOIS, C'ÉTAIT PAS SI DIFFICILE QUE ÇA.
JE SUIS VRAIMENT LE DERNIER DES NULS.
J'AI FAIT DU MAL À LA PAUVRE GÜNTA, ET EN PLUS JE DOIS TROUVER L'AUTRE ABRUTI POUR LUI PARLER.
ET QU'EST-CE QUE JE VAIS LUI DIRE, À CE TONY?
SURTOUT S'IL ME RÉPOND EN FAISANT UN DE CES BRUITS INCONGRUS!
AAHEUU!
FROUTCH
CRAC
SALUT.
SALUT.

ÇA N'A PAS L'AIR D'ALLER FORT.
C'EST VRAI ?
TANT MIEUX, GROS BRUTOS !
QU'EST-CE QUI T'ARRIVE AU JUSTE ?
LIZA ET MOI, ON A ROMPU.
AH ... ET POURQUOI ÇA ?
J'AI PAS BIEN COMPRIS. POURTANT, AU DÉBUT, C'ÉTAIT SUPER ...
MAIS APRÈS, ELLE A COMMENCÉ À ME FAIRE DES RÉFLEXIONS PAS SYMPAS N'IMPORTE QUAND.
MINABLE
GROS NAZE
NULLOS
OU ALORS, ELLE RIAIT ET PUIS ELLE PLEURAIT POUR UN RIEN.
LA FEUILLE HA HA HA !
OH NON ! BOUHOUHOU
HAHAHA ! FANTASTIQUE !
ET PUIS PARFOIS ELLE SE METTAIT À PARLER TOUTE SEULE AU MILIEU DE LA NUIT.
NONANII
NANANAA
HOLAALA
ALORS ON S'EST QUITTÉS.
T'Y COMPRENDS QUELQUE CHOSE, TOI ?
NON ... RIEN DU TOUT.
AU FOND, TOI ET MOI ON SE RESSEMBLE : SOUS NOS AIRS DE DURS, ON CACHE DES COEURS DE PALMIER TOUT TENDRES.
EUH.

ÇA TE DIRAIT QU'ON SOIT POTES?... ET LIZA, QU'ELLE AILLE SE FAIRE VOIR AILLEURS!
MA FOI, POURQUOI PAS! ...
!?
L... LIZA! ... JE... REGARDE COMME JE SUIS FORT!
CRRRR
?!
REGARDE!
CRAAC
ATTENDS, LIZA!! MOI AUSSI JE PEUX CASSER DES BOUTS DE BOIS!
LIZA!! JE SUIS FORT!
CRAC!
NON, MOI!
CRAC!
HAHA! ILS SONT UN PEU IDIOTS, QUAND ILS S'Y METTENT!
OUAIP.
CE BOUT DE BOIS EST À MOI!
NON, À MOI!
LIZA?
CRAC!
AH, NON!
?!

MARRE!
?
PLUS QU'ASSEZ!
RHAAAA!
SAMEDI ?
MAIS QU'EST-CE QUI T'ARRIVE ?
LÂCHE-MOI!!
C'EST ENCORE À CAUSE DE LIZA?
OUAIS, ET APRÈS?
TU AS CHANGÉ DEPUIS QUE TU LA VOIS: TU TE SAOULES, TU TE BATS AVEC DES ÉLÉPHANTS... JE NE TE RECONNAIS PLUS.
EH BEN PEUT-ÊTRE QUE TU ME CONNAISSAIS BIEN MAL!
PEUT-ÊTRE QUE JE RÉVÈLE ENFIN MA VRAIE NATURE! PEUT-ÊTRE QU'AU FOND JE SUIS MÉCHANT ET BRUTAL!
BEN VOYONS ...
MOI, JE CROIS PLUTÔT QUE TU TE FAIS DU MAL À CAUSE DE LIZA... MAIS CETTE FILLE N'EST PAS FAITE POUR TOI.

NON, MAIS ÉCOUTEZ-LE, CELUI-LÀ! IL SE CROIT BIEN PLACÉ POUR DONNER DES CONSEILS SUR LES RELATIONS AMOUREUSES!
ET POURQUOI PAS? J'AI UNE CERTAINE EXPÉRIENCE...
ÇA, QUAND IL S'AGIT DE FAIRE SOUFFRIR LES FILLES, T'ES PAS LE DERNIER, C'EST SÛR!
MEUH, JE FAIS PAS SOUFFRIR LES FILLES!
AH OUAIS? EH BEN VA DEMANDER À JULIE COMMENT ELLE SE SENTAIT QUAND TU L'AS LAISSÉE TOMBER!
EUH... JE LUI AVAIS RIEN PROMIS...
FAUT CROIRE QU'ELLE A MAL COMPRIS, ALORS! ELLE EST SANS DOUTE TROP BÊTE!
JE TROUVE QUE TU EN RAJOUTES UN PEU SAMEDI...
EH BEN ALORS ON N'A PLUS RIEN À SE DIRE. VA DONC REJOINDRE TES FANS À LA GOMME!
JE ME BARRE D'ICI POUR TOUJOURS! ADIEU!!
C'EST ÇA... SALUT!
ILS SE SONT FÂCHÉS...
... SAMEDI S'EN VA.
C'EST BON À SAVOIR.

IL DISAIT ÇA PARCE QU'IL ÉTAIT EN COLÈRE.
IL REVIENDRA, C'EST SÛR.
RRM... VOUS SAURIEZ PAS OÙ EST JULIE PAR HASARD?
SUR LES PELOUSES ONDULANTES!
ET SI TU POUVAIS NE PAS LÂCHER LA PIERRE SUR NOTRE TÊTE, CE SERAIT "CLASSE".
ÇA VA?
OH, C'EST TOI...
TU N'ES PLUS AVEC YOLANDE?
BOF. J'EN AVAIS PLUS ENVIE.
EN FAIT, J'AIMERAIS BIEN ME REMETTRE AVEC TOI.
HONNÊTEMENT, JE PRÉFÈRE QU'ON EN RESTE LÀ.
AH.
DIMANCHE! TE VOILÀ ENFIN!
T'ES DE NOUVEAU AVEC JULIE, TOI?
JE CROYAIS QUE C'ÉTAIT PLUS COOL DE SORTIR AVEC PLEIN DE FILLES DIFFÉRENTES!
MAIS J'AI JAMAIS DIT ÇA!!

ET PUIS J'EN AI MARRE DE VOUS VOIR TOUS PORTER MON TEE-SHIRT. J'AI PAS BESOIN DE ... DE FANS À LA GOMME!
D'AILLEURS J'ENLÈVE MON TEE-SHIRT, VOILÀ!
VOUS AVEZ L'AIR DE QUOI, MAINTENANT?
SUPER!
FALLAIT Y PENSER!
VIVE LA LIBERTÉ!
TOUT LE MONDE À POIL!
HE! VOUS, LÀ! VOUS NE VOUS METTEZ PAS TOUT NUS?
...EUH, NON, ON N'A PAS TROP ENVIE, EN FAIT.
MAIS QU'EST-CE QU'IL LEUR PREND?
NOUS, ON ASSUME À FOND, ÇA NOUS POSE AUCUN PROBLÈME
...
NE LES ÉCOUTEZ PAS!! ...
VOUS NE DEVEZ PAS VOUS DÉSHABILLER!
?
D'AILLEURS, SAMEDI EST D'ACCORD AVEC NOUS!
SOUS TERRE, C'EST D'ENFER!
OUI, IL SOUTIENT NOTRE MOUVEMENT!

REGARDEZ-VOUS! DEPUIS QUE VOUS ÊTES DEHORS, VOUS VIVEZ NUS, VOUS VOUS DÉVERGONDEZ, VOUS N'AVEZ AUCUN RESPECT DE VOTRE PERSONNE!...
ET JE PASSE SUR LES AUTRES DÉBAUCHES...
OH! OOOOOH! LE CIEL MANGE MES CHEVEUX...
MAIS PAS DU TOUT!
VOUS CARICATUREZ LA RÉALITÉ!
EUH... QU'EST-CE QUE VOUS FAITES?
... ON RÉSERVE UNE SURPRISE À CES VIEUX RÂLEURS...
DES LIMACES À VAPEUR... ON VA BIEN SE MARRER!
LA VIE SOUS TERRE A BIEN CHANGÉ, DEPUIS VOTRE DÉPART! C'EST DEVENU "CHOUETTOS À DONF"!...
LES RACINES, C'EST "CLASSE"!
VOUS POUVEZ REVENIR, MAINTENANT, CETTE QUERELLE IDIOTE N'A QUE TROP DURÉ!
PFFF... IL FAIT CHAUD, TOUT À COUP...
ILS ONT RAISON.
MOI, JE RETOURNE SOUS TERRE!
?!
LAISSEZ-NOUS PASSER!
FAIT TROP CHAUD!

C'EST INSUPPORTABLE LÀ-DESSOUS!!
RHAAA!
BAHA, VOUS VOYEZ! MÊME LES VIEILLES BARBES SE METTENT À POIL!
YEERK!
ENFIN DE L'AIR FRAIS! ...
AVEC CETTE VAPEUR, JE COMMENÇAIS À AVOIR LES DOIGTS FRIPÉS.
ÇA FAIT VINGT ANS QUE TON CORPS ENTIER EST FRIPÉ!
QUELQU'UN A JETÉ DES LIMACES À VAPEUR DANS NOS SOUTERRAINS!
JE VOIS, VOUS AVEZ DÉCIDÉ DE VOUS COMPORTER COMME DES ENFANTS!!
DU COUP, LE NOUVEAU PAPIER PEINT SE DÉCOLLE, C'EST UNE CATASTROPHE ...
ALORS TANT PIS POUR VOUS! NOUS VOUS RAMÈNERONS DE FORCE À LA MAISON!
QU'ON SORTE LE GRAND RAISONNEUR!!
PROUUSSHHH
BOM
WIIIIIZZZZZ
BOM BOM BOM
BLAM

Hiiiiiii
HAAAAA
OUILLE!
HAHA! EN VOILÀ UN QUI A REJOINT NOS SOUTERRAINS!
TOUT ÇA PREND UNE DRÔLE DE TOURNURE...
BLAM
CONTRE-ATTAQUONS!
VENTOUSONS LES DÉFRAÎCHIS!
SLOUP
SLOUP
SLOUP
SPOB
MMH... PERSONNE N'A VU SAMEDI, PAR HASARD?
NON, POURQUOI? TU AS BESOIN DE LUI?
HAHA! NON, J'AI BESOIN DE PERSONNE, MOI, JE M'AMUSE BIEN TOUT SEUL!
ILS SONT LIBRES OUAIS!
OOUAAAAAAAAA
PTOINGGG

BLAM
BLAM
SLOUP
PTOïïïïïïïïïïNGGG
SLOUP
PTOïïïNG
SLOUP
SLOUP
BLAM
SLOUP
SLOUP
TIENS, SI J'ALLAIS PÊCHER UN PEU?
SLOUP
AH, BEN D'ACCORD, Y A MÊME PLUS LE CHEMIN QUI MÈNE À LA PLAGE!
PTOïïïïNGGG
SLOUP
BLAM
DIMANCHE! ILS SONT EN TRAIN DE TOUT DÉVASTER!
TU VOUDRAIS PAS INTERVENIR? ON EN A MARRE!
INTERVENIR? J'VEUX BIEN, MAIS ... COMMENT?
SI SEULEMENT SAMEDI ÉTAIT ENCORE LÀ, LUI, IL SAURAIT QUOI FAIRE...

?!
MAIS!
CRAC!
SAMEDI! JE TE CROYAIS PARTI À L'AUTRE BOUT DE L'ÎLE!
MAIS, EUH... MAIS C'EST CE QUE J'AI FAIT!
...JE SUIS PARTI TRÈS LOIN, J'AI CONSTRUIT UN PETIT RANCH ET J'AI MENÉ UNE PETITE VIE PAISIBLE À... COUPER DU BOIS ET À AVOIR DES BONHEURS SIMPLES...
BON, QU'EST-CE QUE TU FAIS ICI, ALORS ?
BRMMM... J'ME PROMENAIS DANS L'COIN PAR HASARD...
DANS UN BUISSON?
VOILÀ.
PARCE QUE MOI, TU M'AS MANQUÉ... TOUT EST DEVENU PÉNIBLE, APRÈS TON DÉPART...
... C'EST VRAI ?
DEPUIS QUE T'ES PARTI, ILS N'ARRÊTENT PAS DE SE BATTRE, ET LES VIEUX LÉZARDS PRÉTENDENT QUE TU SOUTIENS TOUTES LEURS ACTIONS!
N'IMPORTE QUOI!
BLAM
SLOUP
PTOÏÏÏÏING
IL FAUT LES RAISONNER... TROUVONS UN ENDROIT SUFFISAMMENT HAUT PLACÉ POUR QU'ILS PUISSENT NOUS ENTENDRE!
LÀ-BAS, JE DISTINGUE UN TRUC IMMENSE!
MAIS!

?!
JE RÊVE, OU C'EST UNE STATUE GÉANTE DE TOI TOUT NU ?
CE SONT DES CHOSES QUI ARRIVENT...
C'EST CHOUETTE, HEIN, DIMANCHE ? C'EST UN MONUMENT À TA GLOIRE !
JE VOIS QUE TU T'AMUSES BIEN, QUAND JE NE SUIS PAS LÀ.
BRMM.
BON. MAINTENANT, IL FAUT ATTIRER LEUR ATTENTION !
HÉÉÉOOOO
FAITES GAFFE ! LA STATUE EST PAS BIEN ÉQUILIBRÉE !
HÉÉÉÉ ?

BRADABOUMBROM
BRADOUM BRADOUM
BROUM
AÏE!
OUILLE!
AHEM ... TIENS, VOUS ÊTES LÀ, ÇA VA? ...
HÉHÉHÉ, ON VOULAIT JUSTEMENT VOUS PARLER ...
D... DIMANCHE, ILS NE M'ÉCOUTERONT JAMAIS... À TOI DE PARLER!
(D'ACCORD.)
ÉCOUTEZ TOUS BIEN! SAMEDI A QUELQUE CHOSE À VOUS DIRE!
AAARRHH
C'EST RAPPORT À ... EUH, TOUT CE GÂCHIS, LÀ ... ÇA RIME PAS À GRAND-CHOSE! ...
ENFIN, JE SAIS PAS, EUH...
... LES LÉZARDS QUI VEULENT PLUS DE LIBERTÉ ET CEUX QUI PRÉFÈRENT RESTER DANS LEURS TERRIERS, C'EST... C'EST PAS FORCÉMENT INCOMPATIBLE! ... CHACUN A LE DROIT DE VIVRE COMME IL VEUT.

... AU LIEU DE NOUS BATTRE, NOUS DEVRIONS PLUTÔT BÂTIR DES CHOSES EN COMMUN !... EN TRAVAILLANT MAIN DANS LA MAIN...
SLOUP
SLOUP
BLAM
PTOiiiiNNN
SLOUP
SLOUP
SLOUP
ON AURA AU MOINS ESSAYÉ.
EN ATTENDANT, ÇA ME FAIT PLAISIR DE TE REVOIR !
PTOiiiiiNNNNGGGGGGGGG
PTOiiiiiNNNNGGGGGGGGG
SLOUP BLAM SLOUP
BLAM SLOUP
SLOUP
HÉ ! LES GARS !
... JULIE ?
VOUS AVEZ ÉTÉ SUPER !... C'ÉTAIT TRÈS CHOUETTE, CE QUE TU AS DIT, SAMEDI... TU M'AS DRÔLEMENT IMPRESSIONNÉE...
BRMM... OH, C'ÉTAIT RIEN.
ÇA TE DIRAIT DE TE PROMENER UN PEU SUR LA PLAGE ?
D'ACCORD.
ÇA TE DÉRANGE PAS TROP, DIMANCHE ?...
VAS-Y DONC, IDIOT !

JE VENAIS VOUS FÉLICITER POUR VOTRE INTERVENTION : JE SUIS SÛRE QUE LES AUTRES FINIRONT PAR COMPRENDRE LE MESSAGE. SAMEDI N'EST PAS LÀ ?
IL EST PARTI AVEC JULIE.
QUOI ? IL SORT AVEC CETTE FILLE ?
OUI.
PFF, ELLE EST PAS TERRIBLE... SAMEDI MÉRITE MIEUX QUE CETTE ESPÈCE DE GRANDE CRUCHE.
MOI, JE TROUVE QU'IL MÉRITE D'ÊTRE HEUREUX.

Le profil
du pingouin

JOSÉ, COMBIEN DE FOIS DOIS-JE TE DIRE DE RANGER TES JOUETS ?
HALALA ! JE ME DEMANDE BIEN CE QU'ON VA FAIRE DE TOI, JOSÉ ! ...
JOSÉ ! TU N'AS TOUJOURS PAS FAIT TES DEVOIRS ?
NE COURS PAS SI VITE, JOSÉ !
OOOOH ! TU T'ES FAIT MAL ? PAUVRE P'TIT JOSÉ ...
"JOSÉ", C'EST BIEN, NON ?
C'EST TRÈS BIEN.

FAUT D'AUTRES PRÉNOMS, LE DOCTEUR SCRAPPER A DIT QUE TU ALLAIS PONDRE UNE DOUZAINE D'OEUFS !
ÇA PEUT ATTENDRE, VA... TU FERAIS MIEUX DE FINIR DE SCULPTER D'AUTRES BERCEAUX...
JE VAIS D'ABORD DEMANDER À MES POTES S'ILS ONT DES IDÉES DE PRÉNOMS !
EEEEH !... J'AI PAS FORCÉMENT ENVIE QUE TES AMIS TROUVENT DES PRÉNOMS POUR NOS ENFANTS !
SALUT, DIMANCHE ! SALUT, ROBERTO !
SAMEDI ! ÇA FAIT UNE PAYE !
COMMENT VA JULIE ?
ELLE EST GROSSE ET ELLE PEUT PLUS BOUGER MAIS ÇA VA.
DITES, J'AI BESOIN DE VOTRE AIDE : IL ME MANQUE ENCORE DES PRÉNOMS POUR LES BÉBÉS ...
OH ! C'EST PAS LA PEINE D'EN CHERCHER TROP... AVEC LA SÉLECTION NATURELLE, Y EN A PAS LA MOITIÉ QUI SURVIVRONT.
HA, HA, HA, HA HA, HA, HA, HA!
C'ÉTAIT POUR RIRE, SAMEDI !
C'EST PAS TRÈS DRÔLE, JE TROUVE.
MES BÉBÉS PEUVENT MOURIR ? ...

ROBERTO DOIT SE TROMPER... QU'EST-CE QUI POURRAIT LEUR ARRIVER?
À MOINS QUE ...
ILS POURRAIENT SE BLESSER AVEC DES ALLUMETTES!
...OU BIEN SE COUPER AVEC DES CISEAUX...
... S'ÉTOUFFER AVEC UNE MACHINE À ÉCRIRE!
...ÊTRE ÉCRASÉS PAR UN TANK DANS LE JARDIN...
...ÊTRE FRAGMENTÉS DANS UNE CUVE D'AZOTE LIQUIDE!!
JE DOIS LES PROTÉGER!! LES METTRE À L'ABRI DE TOUS CES DANGERS QUI LES GUETTENT!!
IL ME FAUDRA IGNIFUGER LES ALLUMETTES... ACHETER UN DÉTECTEUR DE TANK ET UN VACCIN ANTIAZOTE!! JE N'AURAI JAMAIS ASSEZ DE COQUILLAGES POUR PAYER TOUT ÇA!
OU ALORS, IL Y A BIEN CETTE LÉGENDE DONT ON M'A PARLÉ, L'AUTRE FOIS...

DIMANCHE!
DIMANCHE, TU DOIS M'AIDER!
JE DOIS PARTIR PENDANT UN MOMENT, TU VEUX BIEN T'OCCUPER DE JULIE PENDANT MON ABSENCE?
GNFFL GNN, QUE ... HEIN?
P... POURQUOI, TU T'EN VAS?
RFZZZ.
JE PARS À LA RECHERCHE DE LA LÉGENDAIRE "BALEINE DE LA FORTUNE" POUR GAGNER PLEIN DE COQUILLAGES!
... GAGNER DES COQUILLAGES? MAIS POUR QUOI FAIRE? ON A TOUT CE QU'IL FAUT SUR LA PLAGE...
IL M'EN FAUT BEAUCOUP PLUS POUR EMPÊCHER QUE MES ENFANTS SOIENT FRAGMENTÉS DANS DE L'AZOTE LIQUIDE, TU COMPRENDS ?!
TU PROMETS DE T'OCCUPER DE JULIE, D'ACCORD? JE TÂCHERAI DE PAS ÊTRE TROP LONG!
DES FOIS, SAMEDI, T'ES SUPER-BIZARRE...
ZZZZZ

C'EST GENTIL D'AVOIR ACCEPTÉ DE M'AIDER...
BAAAH, SI JE PEUX DÉPANNER.
TOUTES LES BONNES VOLONTÉS SERONT UTILES DANS LA DIFFICILE AVENTURE QUI M'ATTEND.
ME VOICI DE NOUVEAU PARTI POUR L'INCONNU... QUI SAIT COMBIEN DE TEMPS DURERA MA QUÊTE DE "LA BALEINE DE LA FORTUNE"?
OOH, PAS PLUS DE TROIS MINUTES.
ELLE EST QUAND MÊME ASSEZ FACILE À REPÉRER.

C'EST ÇA, LA "BALEINE DE LA FORTUNE"?
OFFRES D'EMPLOI
TU M'AS L'AIR UN PEU PERDU, MOUSSAILLON.
BEN, JE VOULAIS TROUVER DES COQUILLAGES POUR MA FAMILLE... MAIS JE M'ATTENDAIS PAS À CHERCHER DU TRAVAIL! JE SAIS PAS COMMENT ON FAIT!
OH, C'EST FACILE! D'ABORD TU CHOISIS UNE ANNONCE...
ON RECHERCHE UN FÉROCE NAVIGATEUR
TIENS, CELLE-CI PAR EXEMPLE.
ENSUITE FAUT PASSER L'ENTRETIEN D'EMBAUCHE ET LES CONVAINCRE QUE T'ES LE MEILLEUR! QUOI QU'ILS TE DEMANDENT, TU DIS QUE TU SAIS LE FAIRE!
PROUVE-LEUR TA VALEUR! LES LAISSE PAS EN PLACER UNE!
OUI, OUI.
SUIVANT!
J'LE SENS PAS CET ENTRETIEN...

C'EST LE DERNIER DE LA JOURNÉE.
DÉSOLÉ MAIS VOUS N'AVEZ PAS LE PROFIL POUR CE POSTE.
JE...
ALORS? TU LES AS PAS LAISSÉS EN PLACER UNE?
J'AI PAS EU LE TEMPS.
BON, T'INQUIÈTE PAS, ON VA TE TROUVER AUTRE CHOSE...
NOUS CHERCHONS UN OUVRIER POUR NOTRE FERME SOUS-MARINE.
JE SUIS VOTRE HOMME!
TRAIRE UN CRABE NE VOUS FAIT PAS PEUR?
BIEN SÛR QUE NON!
VOUS SAVEZ GUIDER UN TROUPEAU D'HUÎTRES?
J'AI FAIT ÇA MILLE FOIS!
UN DERNIER DÉTAIL: VOUS RESPIREZ SOUS L'EAU, BIEN ENTENDU?
BIEN ENTENDU! ...
EH BIEN, ON VA VÉRIFIER ÇA TOUT DE SUITE.
GLOUPS.

MON PAUV' GARÇON!
splitt
splitt
T'AURAS PLUS DE CHANCE LA PROCHAINE FOIS!
DÉJÀ LE VINGT-TROISIÈME ENTRETIEN QUE TU RATES!
TU TE DONNES VRAIMENT DU MAL POUR GAGNER TA CROÛTE.
TAVERNE
C'EST POUR JULIE ET LES ENFANTS.
JULIE...
SON GROS VENTRE ME MANQUE.
ON VA PROCÉDER AUTREMENT...
TU VAS ENVOYER DES LETTRES DE CANDIDATURE! ÇA FINIRA BIEN PAR MARCHER.
J'AI BEAUCOUP AIMÉ VOTRE LETTRE!
OUI?
... CETTE MANIÈRE DE CLAMER VOTRE PASSION INDOMPTABLE POUR L'ÉQUARRISSAGE DES LIMACES!! JE SUIS EMBALLÉ!
... OUI... ENFIN... FAUT VOIR...
Délice des Iles
Terrine de limace de mer.
QU'EST-CE QUI NE VA PAS?
L'EXAMEN GRAPHOLOGIQUE...
SI J'EN CROIS L'ANALYSE DE LA COURBE DES "S", VOUS ÊTES UNE MOUCHE MOLLE DE SIX MÈTRES DE HAUT.
?
UNE QUOI?!
EH BIEN, DÉSOLÉ, ALORS... UNE GRANDE MOUCHE MOLLE, ÇA NE CADRE PAS DU TOUT AVEC LE POSTE!
EH NON!

ALORS?
ALORS, C'EST ENCORE RATÉ.
ON VA RETOURNER VOIR LES ANNONCES.
JE SUIS PAS SÛR D'EN AVOIR ENCORE ENVIE... ÇA FAIT DÉJÀ TROIS SEMAINES QUE JE SUIS PARTI DE CHEZ MOI.
JE COMMENCE À CROIRE QUE JE NE REVERRAI JAMAIS PLUS MES AMIS.
!
ZZZZZZZZZZ
SACRÉ ROBERTO!
À FORCE DE VOLER EN DORMANT, IL S'EST ÉGARÉ EN HAUTE MER!
MAIS J'Y PENSE...
VITE, UNE CORDE!
J'AI TROUVÉ UN MOYEN DE ME FAIRE EMBAUCHER!
?
MAIS?
JE VOUS EXPLIQUERAI PLUS TARD, JE DOIS D'ABORD RATTRAPER ROBERTO!

IL EST TRÈS IMPRESSIONNANT, VOTRE PERROQUET!
MFF? ... MAIS CH'UIS PAS UN PERRO MMFGN ...
N'EST-CE PAS? J'AI L'POSTE, ALORS?
À VRAI DIRE, AVEC UN TEL BAGAGE, J'AI BIEN PEUR QUE VOUS NE SOYEZ... AU-DESSUS DE NOS MOYENS!
NOUS N'AVONS AUCUN BOULOT À LA HAUTEUR DE VOS COMPÉTENCES!
PAR CONTRE, ALLEZ CHEZ MAC MUFF AVEC CETTE LETTRE DE RECOMMANDATION.
IL CHERCHE UN TYPE DE VOTRE TREMPE, AYANT LE GOÛT DE L'AVENTURE ET LE SENS DES CONTACTS HUMAINS, POUR UN POSTE À RESPONSABILITÉS.
ÇA Y EST! J'AI UN BOULOT!
ZZZZ
... JE SUIS BIEN CONTENTE POUR TOI, PETIT!
ENCORE MERCI POUR TOUT! JE NE VOUS OUBLIERAI JAMAIS!
ZZZzz
ET MAINTENANT, À MOI L'AVENTURE ET LES CONTACTS HUMAINS!
... JE REPASSE DANS TROIS MOIS. BON AMUSEMENT ...

ME VOILÀ TOUT SEUL À PRÉSENT.
PAS COMPLÈTEMENT ... JE SUIS LÀ, MOI!
?
OH, BONJOUR!
VOUS ÊTES UNE SORTE DE GROS MORSE OU DE LAMENTIN, C'EST ÇA ?
NAN! JE SUIS UNE BELLE SIRÈNE!
AH BON?
OUI, JE CHANTE MÉLODIEUSEMENT POUR FASCINER LES MARINS ET FAIRE ÉCHOUER LEURS BATEAUX SUR LES RÉCIFS
ON EST UN PEU CONCURRENTS, DONC.
EXACTEMENT! ET AVEC MA VOIX SUAVE, TU AURAS BIEN DU MAL À ÉLOIGNER LES NAVIRES!! HAHA!
BÈÈLLE SIRÈÈÈ-NEU, J'ATTENDS L'AMOOUUR! LALALALAAA!
... VOUS ATTIREZ SURTOUT DES BESTIOLES BIZARRES, ON DIRAIT...
DU LARGE, MENU FRETIN, JE CHANTE POUR LES BEAUX MARINS!

LA LA LA LA J'ATTENDS LA NUIT, J'ATTENDS LE JOUR !
BON, C'EST PAS TOUT ÇA, JE VAIS ALLUMER LE PHARE.
VOYONS CE QUE DIT LE MANUEL : "RÉVEILLER LA COMÈTE À LA TOMBÉE DE LA NUIT OU LES JOURS DE BROUILLARD."
RZZZ
ALLEZ, ALLEZ, FEIGNASSE STELLAIRE, C'EST L'HEURE DE BRILLER !
?
"LA DIVERTIR GENTIMENT POUR QU'ELLE SE RÉVEILLE EN DOUCEUR."
BATAILLE !
"LUI FAIRE DES PETITS PLATS BIEN SAVOUREUX."
ZZZ
CHARBON CIBOULETTE !
RÉGALE-TOI !
" LA TOILETTER RÉGULIÈREMENT, POUR QU'ELLE GARDE UN TEINT CHATOYANT."
OUI, OUI, OUI, C'EST UNE BONNE ÉTOILE, ÇA !!
SCRATCHH
SCRATCH
FROT
FROT
WIF !
WIF !
" LA COUCHER TÔT, POUR QU'ELLE N'AIT PAS DE GROS CERNES LE LENDEMAIN."

ZZZZ
PFF! C'EST DU BOULOT! J'SAIS PAS COMBIEN DE TEMPS JE TIENDRAI!
MAIS JE DOIS PENSER À JULIE ET AUX ENFANTS, C'EST POUR EUX QUE JE FAIS ÇA.
JE L'IMAGINE EN CE MOMENT, QUI PENSE TENDREMENT À MOI ET ADMIRE MON COURAGE.
ELLE DOIT ÊTRE BIEN VULNÉRABLE AVEC SON GROS VENTRE. HEUREUSEMENT QUE DIMANCHE EST AVEC ELLE, SINON JE ME FERAIS UN SANG D'ENCRE!
QU'EST-CE
QUE
TU
FAIS
LÀ?
BEN... JE VOULAIS TE PARLER... À "LA BALEINE", ON M'A DIT QUE TU ÉTAIS ICI, ET ON M'A EMMENÉ EN BARQUE.
TU AS LAISSÉ JULIE TOUTE SEULE AVEC SON GROS VENTRE!? MAIS T'ES COMPLÈTEMENT IRRESPONSABLE!!
JE TE CROYAIS À SES CÔTÉS, PRÊT À L'AIDER À TOUT MOMENT!! JE TE FAISAIS CONFIANCE!!

POURQUOI TU L'AS LAISSÉE?!
POUR TE PARLER! TU SAIS, JULIE EST TOUTE TRISTE DEPUIS TON DÉPART... ELLE A PAS BIEN COMPRIS POURQUOI T'AVAIS FILÉ COMME ÇA.
TU LUI AS PAS EXPLIQUÉ POUR LES COQUILLAGES ET TOUT ÇA?!
EUH, SI... MAIS ELLE A DIT QU'ELLE SE FICHAIT BIEN DES COQUILLAGES, QUE C'EST DE TOI DONT ELLE A BESOIN EN CE MOMENT.
FALLAIT LUI DIRE QUE J'ALLAIS BIENTÔT RENTRER LUI REMONTER LE MORAL!
OH ÇA, BEAU GOSSE COMME IL EST, IL A PAS DÛ AVOIR TROP DE MAL À LA CONSOLER!
?
MOI, À LA PLACE DE TA JULIE, J'AURAIS VITE CRAQUÉ POUR CE BEAU MÂLE
CLIGN CLIGN
IL ME FAIT UN PEU PEUR, CE MORSE.
C'EST QUOI, CETTE HISTOIRE DE "BEAU GOSSE"?
CLIGN CLIGN
N'IMPORTE QUOI...
VOUS ARRÊTEZ AVEC VOS INSINUATIONS, VOUS?!
MHM, ON NE ME FERA PAS CROIRE QU'IL S'EST RIEN PASSÉ ENTRE EUX DEUX...
ELLE EST SORTIE AVEC LUI, MAIS C'ÉTAIT IL Y A LONGTEMPS! ELLE EST PLUS DU TOUT AMOUREUSE DE LUI, MAINTENANT!
ET LUI, IL RESSENT PLUS RIEN POUR ELLE?

BIEN SÛR QUE NON! DIS-LUI, DIMANCHE!
IL COMMENCE À Y AVOIR DU BROUILLARD... TU DEVRAIS ALLUMER LE PHARE!
DIMANCHE!! NE DÉTOURNE PAS LA CONVERSATION!
EUH...
T'ES ENCORE AMOUREUX D'ELLE?!
PEUT-ÊTRE UN PETIT PEU, OUI...
HA! J'EN ÉTAIS SÛRE!
ÇA M'AVAIT PASSÉ, MAIS... LE FAIT DE DEVOIR M'OCCUPER D'ELLE CES DERNIERS TEMPS... D'ÊTRE TOUJOURS AVEC ELLE, ÇA M'A UN PEU REMUÉ.
VIVE LES LARMES DE LA PASSIOOON! VIVE L'AMOUR ET LE PLANCTOOON!
PAPA!
PAPA!
PAPA!
PAPA!
UNE BIÈRE, CHÉRI?
...
J'AI CONFIÉ MA FEMME À UN ÊTRE SOURNOIS ET SANS SCRUPULE!...
MAIS NON! MAIS J'AI RIEN FAIT! J'TE JURE!
JE T'IMAGIIINE VIRIL ET BÔÔÔÔ! HÂTE-TOI VITE, MON DOUX MATELOOOT!
TU AS LORGNÉ SUR MA JULIE?! ET TU VIENS ME NARGUER DEVANT LE GROS MORSE!? TU CHERCHES À M'HUMILIER, C'EST ÇA?!
MAIS ARRÊTE!
COOOMBLE MON PETIT COEUR CHÉTIIIIIF!
EN T'EXPLOSANT SUR LES RÉCIIIFS!
ASSEZ!

ARRÊTEZ CES CRIS DE PUTOIS !
CES RIMES APPROXIMATIVES !
ÇA PEUT PLUS DURER !
BAOUM !!
KAÏ !
BRADABOUM
BRAOM !
BOUM !
WIF ?
WIF, WIF !
JE TE MÉPRISE, DIMANCHE...
MAIS SAMEDI ! TU CROIS VRAIMENT QUE JE SERAIS VENU ICI JUSTE POUR TE FAIRE DU MAL ?!
C'EST TOUT LE CONTRAIRE ! JE VEUX QUE TOUT REDEVIENNE COMME AVANT ! C'EST TOI QUE JULIE AIME, TU LUI MANQUES. TU DOIS REVENIR SUR L'ÎLOT !
DU SILENCE, ENFIN !...
TU CROIS ?
VA FALLOIR QUE J'ENVISAGE DE DÉMISSIONNER, ALORS...
ON PEUT FURIEUSEMENT L'ENVISAGER, MÊME.

J'AI HÂTE DE RETOURNER À LA MAISON, MAINTENANT.
BEN, VOUS ATTENDREZ UN PEU.
LE PHARE QUE VOUS M'AVEZ DÉMOLI COÛTAIT CHER, VOUS ME DEVEZ BEAUCOUP DE COQUILLAGES.
MAIS JE PEUX PAS VOUS PAYER, J'AI ENCORE RIEN GAGNÉ !
EAU DOUCE
DÉSALINISATION D'EAU DE MER
C'EST POUR ÇA QUE JE VAIS VOUS DÉGOTTER UN EMPLOI ICI.
VOUS Y RESTEREZ JUSQU'À CE QUE LE PHARE SOIT REMBOURSÉ.
ÇA M'DÉGOÛTE ! JE TROUVE DU TRAVAIL QUAND J'EN VEUX PLUS.
C'EST UNE BOÎTE RÉGLO : SI VOUS BOSSEZ BIEN, VOUS NE RESTEREZ QUE CINQ OU SIX ANS ICI.
CINQ OU SIX ANS ?!
C'EST ÇA OU JE VOUS ASSOMME À COUPS DE RAME ET PUIS JE VOUS NOIE.
PARCE QUE ÇA NE SE VOIT PEUT-ÊTRE PAS MAIS JE SUIS UN PEU ÉNERVÉ.

SOYEZ LES BIENVENUS ! JUSTEMENT NOUS MANQUIONS DE MAIN-D'OEUVRE !
VOTRE BOULOT N'A RIEN DE BIEN SORCIER, VOUS ALLEZ VITE COMPRENDRE.
IL FAUT D'ABORD PUISER DE L'EAU DE MER.
ENSUITE, VOUS VENEZ VOUS INSTALLER À UNE TABLE DE TRAVAIL.
ET PUIS VOUS RETIREZ LES GRAINS DE SEL DE L'EAU AVEC UNE PINCE À ÉPILER.
QUOI ?!
VOUS METTREZ LE SEL DANS UNE ASSIETTE, ET VOUS VERSEREZ L'EAU DOUCE DANS LA CUVE DU PREMIER ÉTAGE... BON TRAVAIL !
J'AI EXPLOSÉ LE RECORD ! J'AI ADOUCI DIX MILLILITRES D'EAU EN UNE SEMAINE !
ÇA ME PLAÎT PAS TROP CE TRAVAIL.
IL DOIT Y AVOIR MOYEN D'ALLER PLUS VITE...
LA FENÊTRE ! Y A DES VAGUES !
JE PEUX VOUS EMPRUNTER VOTRE LAMPE ?!
?

PATRON! DES NOUVEAUX ONT INVENTÉ UN PROCÉDÉ ÉPATANT!
... ET ALORS, ON PEUT RÉCUPÉRER LA VAPEUR D'EAU ICI ET LE SEL LÀ.
ÇA ALORS! IL FALLAIT Y PENSER! BRAVO, LES GARS!
VOUS AUTRES! PRENEZ EXEMPLE SUR LES DEUX LÉZARDS À L'ESPRIT NOVATEUR!
À L'ESPRIT QUOI?
PRENEZ SURTOUT EXEMPLE SUR LE PETIT!
SUIVEZ-MOI! VOUS MÉRITEZ D'ÊTRE DANS DES BUREAUX PLUS SECS! HAHA!
HAHA!
HAHA!
AIDEZ-NOUS À GÉNÉRALISER VOTRE INVENTION À TOUT LE SERVICE! NOUS SAURONS VOUS RÉCOMPENSER!
VOICI VOS NOUVEAUX COSTUMES!
PAS DE DOUTE, ON ENTRE DANS LE MONDE DES PINGOUINS.
NE TE MOQUE PAS! C'EST UN GRAND HONNEUR QUE NOUS FAIT CETTE ENTREPRISE!
UNE ENTREPRISE AUX OBJECTIFS PAS TRÈS NETS, SI VOUS VOULEZ MON AVIS...
?
VOUS NE TROUVEZ PAS BIZARRE DE FABRIQUER DE L'EAU DOUCE AU MILIEU DE L'OCÉAN? À PART UN OU DEUX NAUFRAGÉS PAR AN, ON N'A JAMAIS DE CLIENTS!

MAINTENANT QUE VOUS LE DITES, C'EST VRAI QUE C'EST ÉTRANGE.
L'ÉCOUTE PAS, DIMANCHE, CE DOIT ÊTRE UN JALOUX! METTONS-NOUS PLUTÔT AU TRAVAIL!
JE VOUS AURAI PRÉVENUS! ...
DIMANCHE! NOUS SOMMES EN TRAIN DE PULVÉRISER LES RECORDS!
... EN QUINZE JOURS, TOUS LES BUREAUX INFÉRIEURS ONT ACCEPTÉ MON PROCÉDÉ! C'EST UNE AFFAIRE QUI ROULE!
D'AILLEURS, ON A DÉJÀ AMPLEMENT REMBOURSÉ NOTRE DETTE! ON VA POUVOIR RENTRER SUR L'ÎLOT!
TU ES SÛR?
CE SERAIT DOMMAGE QUE VOUS PARTIEZ SI TÔT... LA MAISON A BESOIN DE GENS DE VOTRE TREMPE!
ÇA VOUS DIRAIT DE MONTER EN GRADE? SUIVEZ-MOI DONC AU DERNIER ÉTAGE, QU'ON EN DISCUTE!
AU DERNIER ÉTAGE?!
EUH, SAMEDI... FAUT PAS OUBLIER JULIE, HEIN... PARCE QU'ELLE VA SE FAIRE DU SOUCI.
OUI, OUI, ON EN REPARLERA! ... VIENS VITE!

TU AS VU TOUT CE LUXE?
ÇA VOUS PLAÎT? INSTALLEZ-VOUS.
QUE DÉSIREZ-VOUS MANGER? NOUS AVONS DU FROMAGE DE PAPILLON, UNE FRICASSÉE DE YAOURT, DE LA BIÈRE AU SAUMON.
JE VOUS CONSEILLE LA CONFITURE DE GUÊPE, ELLE EST EXCEPTIONNELLE!
LA CONFITURE DE GUÊPE?
JE ME DEMANDE SI ÇA ATTIRE LES FRAISES.
SAMEDI, J'AI TRÈS ENVIE QUE VOUS RESTIEZ, VOUS ÊTES TALENTUEUX, IMPERTINENT, TÊTU... J'AIME ÇA CHEZ UN LÉZARD.
C'EST VRAI?
J'IRAI DROIT AU BUT: SI VOUS RESTEZ, JE MULTIPLIE VOTRE SALAIRE PAR SEPT CENTS, ET JE VOUS OFFRE UNE VILLA AVEC CINQ PISCINES AINSI QU'UN PORTE-CLÉ MUSICAL.
WOAW!
PAR CONTRE, AVEC SAMEDI, ON SE DEMANDAIT: ELLE SERT À QUOI TOUTE L'EAU DOUCE QU'ON FABRIQUE? C'EST POUR LES NAUFRAGÉS?
... TAIS-TOI DONC, DIMANCHE! ...
VOUS ÊTES PERSPICACES ...
ET JE NE VEUX RIEN CACHER À MES FUTURS COLLABORATEURS.
SUIVEZ-MOI! ...
L'EAU DOUCE NE CONSTITUE EFFECTIVEMENT QU'UNE PETITE PART DE NOS PROFITS. EN RÉALITÉ, NOUS VENDONS SURTOUT DU SEL...
AH BON? LES NAUFRAGÉS VEULENT MANGER DU SEL?
HA HA, NON! NOUS LE VENDONS AUX OISEAUX QUI SE FONT LA GUERRE!

LA GUERRE?
LES OISEAUX RIVAUX NOUS ACHÈTENT DES SALIÈRES POUR LEURS COMBATS AÉRIENS. ILS ESSAIENT DE SE SALER LA QUEUE.
SPOUMF
ET QU'EST-CE QUI ARRIVE À UN OISEAU À QUI ON SALE LA QUEUE?
IL NE PEUT PLUS VOLER, IL S'ÉCRASE AU SOL ET PUIS IL MEURT, J'IMAGINE.
MAIS... C'EST HORRIBLE!
C'EST BIEN VRAI, MAIS QUE VOULEZ-VOUS, SI NOUS NE LEUR FOURNISSONS PAS LE SEL, QUELQU'UN LE FERA À NOTRE PLACE ... ALORS, AUTANT QUE CE SOIT NOUS.
JE... JE VAIS TOUT CASSER
VOUS DEVRIEZ FAIRE ATTENTION, LA PASSERELLE EST GLISSANTE.
BLINK
BLANK
BLONK
AIDE-MOI, DIMANCHE!
HOUUULAA!!
ATTENTION, SAMEDI!... OUURFFF!
SPOUMF
?
EH BEN VOILÀ.
C'EST TOUJOURS TRISTE DE VOIR DES JEUNES PLEINS D'AVENIR SE FAIRE EMBOUTEILLER.
N'EMPÊCHE... SI NOS CLIENTS APPRENNENT QU'IL Y A PARFOIS DES LÉZARDS DANS NOS SALIÈRES, ÇA VA JASER.
BAH, ON PRÉTENDRA QUE C'EST UNE "LÉGENDE OCÉANE".

LA SALIÈRE EST BIENTÔT VIDE! IL VA SANS DOUTE NOUS RAMENER À LA FABRIQUE...
...ENFIN J'ESPÈRE PARCE QUE SI ON TOMBE DE CETTE ALTITUDE, LA SURFACE DE LA MER SERA DURE COMME DE LA PIERRE!
AH BON? MOI QUI CROYAIS QUE L'EAU ÉTAIT TOUJOURS MOLLE.
SCLING
OUCH!
AAAAH!
ON FONCE VERS L'EAU DURE!

ON VA MOURIR!! J'AURAIS JAMAIS DÛ ABANDONNER JULIE COMME JE L'AI FAIT!
J'AI L'IMPRESSION DE VOIR MA VIE DÉFILER DEVANT MES YEUX!
MOI AUSSI.
J'AI FINI.
LA DOUCEUR DE L'ÎLOT... NOTRE QUÊTE DE RÉPONSE... LIZA...
EH, SAMEDI, TU VOIS ENCORE TA VIE QUI DÉFILE, TOI? JE SUIS DEDANS OU PAS?
C'EST RIGOLO, J'AI MES JOUES QUI CLAPOTENT DANS LE VENT QUAND JE PARLE.
ME DÉCONCENTRE PAS.
TIENS, Y A ROBERTO EN DESSOUS DE NOUS! IL VOLE EN DORMANT.
BON, TU ME LAISSES PROFITER DES DERNIERS INSTANTS DE MA VIE, OUI?
MAIS Y A ROBERTO!
C'EST C'QUE J'DISAIS! ...
ESSAYONS DE NOUS ACCROCHER À LUI!
OURF
BRAF
TCHOUMF
MAIS, QU'EST-CE QUE VOUS FAITES LÀ?
C'EST RIEN DU TOUT, ROBERTO, RENDORS-TOI!
TU DOIS DORMIR, TU COMPRENDS?! SINON TU VAS PAS VOLER!!
PFIOOOuuuu
AAAAHHH
AAAAAHHH
AAAAAHHH

ALLEZ, TU VAS ME FERMER CES PETITS NIEU-NIEUX MIGNONS!
DODO MON P'TIT ROBERTO ...
MAIS! ON EST EN TRAIN DE TOMBER!
J'TE L'FAIS PAS DIRE! ET SI TU T'RENDORS PAS TOUT D'SUITE ON VA TOUS MOURIR!
OUI, BEN, SI TU CROIS QUE C'EST EN DISANT ÇA QUE TU VAS ME RELAXER!
JE PENSE À UNE AUTRE MÉTHODE.
BING
FLAP
FLOUP
FLAP
RZZZZZ
BRAVO, DIMANCHE!
OUI, ENFIN, Y A PAS DE QUOI ÊTRE FIER... TAPER SUR UN COPAIN! ...
BEN, ÇA ALORS : T'AVAIS RAISON, QUAND ON TOMBE DE TRÈS HAUT, LA MER DEVIENT DURE COMME DE LA PIERRE!
POF
POF
C'EST PAS TOUT À FAIT CE QUE JE VOULAIS DIRE.
JE CROIS PLUTÔT QUE C'EST À CAUSE DU SEL. IL Y EN A TELLEMENT QUI TOMBE DANS L'EAU, QUE ÇA LA REND SOLIDE.
REGARDE!
GNNNNF!? MMFFMFFF!
IL FAUT LE SORTIR DE LÀ, SINON IL VA ÉTOUFFER.

GNNFF
SBOB
MERCI, LES GARS, VOUS M'AVEZ SAUVÉ LA VIE.
MAIS ON A INTÉRÊT À VITE S'ENFUIR!! LES SALIÈRES VONT TOMBER!!
?
QUOI?
PLUS ON APPROCHE DE LA FIN DES COMBATS, PLUS LES ADVERSAIRES SE JETTENT LEURS SALIÈRES DESSUS, ET ON EST JUSTE EN DESSOUS!...
QU'EST-CE QUE JE DISAIS!...
FUYONS!
SCLING
IL FAUT COURIR LÀ OÙ LA MER EST PLUS MOLLE!! IL Y AURA MOINS D'ÉCLATS DE VERRE!
ON VA TOUS MOURIR!
ENCORE?!
SCLING
SCLING

SCLING
ON Y EST PRESQUE !
ON EST SAUVÉS, DIMANCHE !
?
OH NON ! IL EST TOMBÉ !
SCLING
NE BOUGE PAS, DIMANCHE ! JE VIENS TE SAUVER !
AÏE !
FAITES ATTENTION, C'EST SUPER DANGEREUX !
SCLING
NE PRENDS PAS DE RISQUE INUTILE, SAMEDI...
TU AS DES RESPONSABILITÉS, UNE FEMME, DES ENFANTS ! PENSE À EUX !!
IL A RAISON... NE RESTONS PAS ICI !
MAIS ! MAIS... TU RISQUES DE MOURIR !
EH BEN... DIS-TOI QUE C'EST PAS SI GRAVE ! RAPPELLE-TOI QUE JE SUIS UN ÊTRE SOURNOIS ET SANS SCRUPULE !
SCLING
AARRRRR

TIENS BON DIMANCHE!
OUILLE!
AÏE!
T'AURAIS PAS DÛ, SAMEDI!
JE REGRETTE TOUT CE QUE JE T'AI DIT L'AUTRE FOIS, T'ES PAS SOURNOIS, EN FAIT.
BLINK
OUI BON, C'EST TRÈS ATTENDRISSANT, MAIS FAUT PARTIR D'ICI. LE BOMBARDEMENT REDOUBLE D'INTENSITÉ!
PLOUF
HAAAAAAAAA
SCLING
LA CREVASSE EST EN TRAIN DE SE REFERMER DERRIÈRE NOUS!
NOUS SOMMES CONDAMNÉS À NOUS NOYER!
ON VA TOUS MOURIR!
SAMEDI, IL EST TEMPS QUE ÇA S'ARRÊTE, J'EN AI UN PETIT PEU MARRE DE VOIR DÉFILER MA VIE.

SAMEDI? ... RÉVEILLE-TOI!
DIMANCHE?
JE RÊVE OU TU AS UNE SORTE DE COURGE SUR LA TÊTE?!
TOI AUSSI, JE TE FERAI REMARQUER!
MAIS? C'EST IDIOT! ...J'ENLÈVE CE TRUC!
BLOUP?
AH OUI, J'AVAIS OUBLIÉ DE TE DIRE, ON EST SOUS L'EAU.
AARGBLL BLOUBGG GLLL!!
ALLONS, ALLONS... NE FAITES PAS L'ENFANT, REMETTEZ CETTE COURGE SUR LA TÊTE! ...
C'EST GRÂCE À ELLE QUE VOUS POUVEZ RESPIRER.
OURF
CE SONT CES GENTILS POISSONS QUI NOUS ONT SAUVÉ LA VIE!
NOUS VOUS AVONS TROUVÉS ALORS QUE VOUS ÉTIEZ EN TRAIN DE VOUS NOYER.

BEN, MERCI BEAUCOUP, ALORS !
Y A PAS DE QUOI !
ON VA POUVOIR RENTRER SUR L'ÎLOT, MAINTENANT !
VOUS ÊTES PRESSÉS ? NOUS POUVONS DEMANDER À UN POISSON-PILOTE DE VOUS RAMENER CHEZ VOUS, SI VOUS VOULEZ.
OUI, S'IL VOUS PLAÎT ! JE VOUDRAIS VITE RETROUVER MA COPINE, ELLE EST ENCEINTE !
HÔPITAL
ELLE EST ENCEINTE ET VOUS L'AVEZ LAISSÉE TOUTE SEULE !?
MAIS, EUH, JE... J'AI ÉTÉ FORCÉ !
FORCÉ ?
FORCÉ COMMENT ?
EUUHHHH... J'AI ÉTÉ ENLEVÉ PAR DES PIRATES !
AH BON ! ON A EU PEUR !
ON A CRU UN MOMENT QUE VOUS ÉTIEZ UN GROS ÉGOÏSTE, HA, HA !
ENLEVÉ PAR DES PIRATES ?
BRRMM... ÇA AURAIT ÉTÉ TROP LONG DE LEUR EXPLIQUER ...

CADEAUX
ÇA VA MIEUX VOTRE AILE?
JE SERAI GUÉRI DANS QUELQUES JOURS... J'AI HÂTE DE RETOURNER AU COMBAT!
C'EST PAS TRÈS MALIN.
SOUVENIRS
COLLIERS
OUAIS, DES GENS!
VOUS VENEZ D'OÙ?
DE L'ÎLOT.
LÀ-BAS AUSSI, LE SEL VOUS BRÛLE LES POUMONS?
EUH, NON...
KOF, KOF!
WAOW! ÇA DOIT ÊTRE SUPER!
ALLONS, LES ENFANTS, LAISSEZ NOS AMIS TRANQUILLES! ILS SONT ENCORE TRÈS AFFAIBLIS!
FAUT QU'ILS MANGENT UN PEU, ALORS!
ON CONNAIT PLEIN DE BONNES AUBERGES!
QU'EST-CE QUE VOUS AIMEZ MANGER?
NON, ÇA IRA! ...
ON N'A PAS TROP FAIM, MERCI LES ENFANTS!
OUI, VOILÀ.
POURQUOI EST-CE QU'ILS TOUSSENT COMME ÇA?
OH... C'EST À CAUSE DU BLOC DE SEL.
KOF, KOF!
KOF!
KOF.

IL POLLUE L'EAU DE NOTRE VILLAGE. ÇA BRÛLE LES YEUX ET LES BRANCHIES... LES PLUS ATTEINTS FINISSENT TOUT ENCROÛTÉS.
ÇA FAIT FUIR LES TOURISTES. AVANT, LA RÉGION ÉTAIT PROSPÈRE.
ON A POURTANT ESSAYÉ DE LANCER UN PARC À THÈME, "CROÛTE-DE-SEL-LAND" MAIS ÇA N'A PAS ATTIRÉ GRAND MONDE.
... CE BLOC, IL FLOTTE, NON? VOUS NE POURRIEZ PAS LE POUSSER LOIN DE VOTRE VILLAGE?
ÇA NE SERT À RIEN TANT QUE LES OISEAUX CONTINUENT À FAIRE LA GUERRE AU-DESSUS DE CHEZ NOUS.
LE BLOC SE REFORMERA TOUJOURS.
IL FAUDRAIT LEUR DEMANDER D'ARRÊTER DE SE BATTRE... MAIS ILS SONT TROP HAUT, ILS NE NOUS ENTENDENT PAS.
ET DE TOUTE FAÇON, C'EST TROP TARD, MAINTENANT. LE BLOC EST SI GRAND QUE SA BASE S'EST ACCROCHÉE AU FOND.
AH ÇA, SI ON AVAIT DES AILES !... ON IRAIT PARLER AUX OISEAUX.
ET SI ON AVAIT DES MAINS, ON POURRAIT CASSER LA BASE DU BLOC AVEC DES PIOCHES...
ÇA DEMANDERAIT DU COURAGE ET DU TEMPS MAIS ON LE FERAIT !
BEAUCOUP DE TEMPS, OUI...
... ET DU COURAGE, C'EST VRAI...
RRMM.
EFFECTIVEMENT.

MAIS BON, NOUS ON DOIT Y ALLER, HEIN?
EXCUSEZ-MOI : C'EST VRAI QUE VOUS DEVEZ RETOURNER D'URGENCE SUR L'ÎLOT.
... PROFITEZ BIEN DE VOTRE PETIT COIN DE PARADIS AVANT QUE LE SEL NE LE DÉTRUISE LUI AUSSI.
?
QUOI? LE BLOC DE SEL VA AUSSI POLLUER L'ÎLOT?
C'EST FATAL... IL NE CESSE DE GROSSIR.
ET ÇA ARRIVERA QUAND?
OH, PEUT-ÊTRE DANS CINQUANTE OU SOIXANTE ANS...
AH BON! ON A LE TEMPS DE VOIR VENIR, ALORS!
MAIS JE PARLE, JE PARLE, ET J'OUBLIE QUE VOTRE FEMME VOUS ATTEND, SAMEDI!
CE SERAIT TERRIBLE QU'ELLE ACCOUCHE TOUTE SEULE! SANS PERSONNE POUR LA SOUTENIR MORALEMENT! UN VRAI CAUCHEMAR.
GLP.
AH, VOILÀ LA GROTTE DES POISSONS-PILOTES!
L'UN DE VOUS ACCEPTERAIT DE GUIDER NOS AMIS CHEZ EUX?
BIEN SÛR! DANS LA VIE, FAUT S'ENTRAIDER!

ATTENDEZ ! NE PARTEZ PAS TOUT DE SUITE !
ON A FAIT DES COLLIERS AVEC DES NOUILLES TROP SALÉES, POUR VOUS SOUHAITER UN BON VOYAGE !
OH !... MERCI... JE...
REPASSEZ NOUS VOIR À L'OCCASION !
J'ESPÈRE QU'ON NE SERA PAS MORTS ! COMME ÇA ON POURRA JOUER AVEC VOUS !
ON Y VA ?
JE SAIS PLUS QUOI FAIRE... JULIE RISQUE D'ACCOUCHER TOUTE SEULE MAIS EN MÊME TEMPS...
... ON PEUT PAS LAISSER CES GAMINS COMME ÇA !
ÉCOUTEZ... J'ESSAIERAI DE PARLER AUX OISEAUX. ON N'ARRÊTERA SANS DOUTE PAS DE SE BATTRE... MAIS PEUT-ÊTRE QU'ON POURRA AU MOINS LE FAIRE AILLEURS QU'AU-DESSUS DE CHEZ VOUS.
OH, MERCI !!
NOUS AUSSI, ON VA DONNER UN COUP DE MAIN...
VOUS AURIEZ DES PIOCHES ?
OUAIS ! WEEPEEE !
C'EST TELLEMENT GENTIL !!
OUAIS ! VIVE NOS NOUVEAUX AMIS !!
MAINTENANT, C'EST SÛR : JULIE VA ME TUER.

VOUS AVEZ ÉTÉ SUPER, LES GARS !
VOUS AVEZ SAUVÉ NOTRE VILLAGE !
BOF.
NAN, NAN, J'INSISTE ! GRÂCE À VOUS ON A PU DÉPLACER LE BLOC DE SEL QUI NOUS EMPOISONNAIT, ET PUIS LES OISEAUX ONT ACCEPTÉ D'ALLER SE BATTRE AILLEURS ! C'EST GÉNIAL !
ET ÇA EN À PEINE UN MOIS !!
J'ESPÈRE QUE ÇA VOUS A PAS MIS TROP EN RETARD POUR L'ACCOUCHEMENT DE VOTRE FEMME !...
JE PRÉFÈRE AUTANT NE PAS Y PENSER.
NE VOUS INQUIÉTEZ PAS ! JE VAIS VOUS RAMENER SUR L'ÎLOT EN UN RIEN DE TEMPS !
VOUS PENSEZ PAS PLUTÔT QU'ON EST PERDU ?
NAAAN ! JE ME REPÈRE PARFAITEMENT !! TENEZ, VOUS VOYEZ CE TRUC BLEU, LÀ-BAS ?
... LA MER, VOUS VOULEZ DIRE ?
EH BEN, APRÈS CE TRUC BLEU, ON TOURNE À GAUCHE ET PUIS ON FILE TOUT DROIT...
À MOINS QUE CE NE SOIT UN PEU AVANT ?
ENFIN... ENSUITE, C'EST ENCORE À GAUCHE ET PUIS À DROITE ET ON Y EST !
... ON EST PERDU.

JULIE NE ME PARDONNERA JAMAIS DE NE PAS AVOIR ÉTÉ À SES CÔTÉS PENDANT L'ACCOUCHEMENT ...
BEN... ON A QUAND MÊME BIEN FAIT D'AIDER CES GENTILS POISSONS, TU CROIS PAS?
PAR CONTRE, CE QUI EST TRISTE, MAINTENANT QUE JE M'EN SUIS FAIT DES AMIS, C'EST QUE JE POURRAI JAMAIS PLUS MANGER DE POISSON...
T'IMAGINES, SI UN JOUR JE PÊCHAIS QUELQU'UN QUE JE CONNAIS?
IL RESTE LE PLANCTON... LES POISSONS NOUS ONT APPRIS À LE MANGER.
EXACT.
SHIIIIIIII
MAIS C'EST FADASSE ...
ET ÇA GÂTE MON BEAU SOURIRE.
UNE VIE SANS POISSON...
UNE VIE SANS JULIE...
TU CROIS QU'ON ARRIVERA À S'HABITUER?
TARATITATITA TITATAAAA!!!
?

PLACE À L'EMPEREUR FANTASQUE DES AIRS ET DES MERS!
À L'ORDONNATEUR CAPRICIEUX DU HAUT ET DU BAS!
T'AS VU! Y A DES POISSONS VOLANTS!
EEEH! ILS POURRAIENT NOUS RAMENER VITE FAIT SUR L'ÎLOT!
VOTRE MAJESTÉ! S'IL VOUS PLAÎT, ATTENDEZ!
MONSIEUR L'EMPEREUR!
YOUHOU, SIRE!
ILS NE NOUS VOIENT PAS. JE GRIMPE SUR TES ÉPAULES POUR LEUR FAIRE DES SIGNES!
PLUS HAUT, DIMANCHE!
BLOUB
TRÈS BIEN, DIMANCHE, JE SENS QUE JE MONTE!
?

ON M'A UN PEU AIDÉ, EN FAIT.
?
DES VISITEURS, SIRE.
J'ESPÈRE QUE VOUS AVEZ UNE BONNE RAISON DE DÉRANGER L'EMPEREUR STUPÉFAIT DES OCÉANS ET DES CIEUX.
LE MAÎTRE ULTIME DE TOUT CE QUI NAGE ET DE TOUT CE QUI VOLE (ET DE QUELQUES TRUCS QUI GLOUGLOUTENT ENTRE DEUX EAUX).
C'EST JUSTE QU'ON DOIT RETOURNER DE TOUTE URGENCE SUR L'ÎLOT, RAPPORT À JULIE QUI VA ACCOUCHER.
VOUS POURRIEZ NOUS PRÊTER UN POISSON VOLANT, S'IL VOUS PLAÎT?
HOPOPOP! CROYEZ-VOUS QU'ON PUISSE PARLER AU PRINCE SISMIQUE DES ÉTHERS COMME À UN SIMPLE MAJORDOME?
COMMENCEZ PAR ADOPTER L'ATTITUDE ADÉQUATE DE TOTALE SOUMISSION.
COMME ÇA?
PLUS BAS.
COMME ÇA?
PLUS BAS.
GNNF.
'OMME 'A?
PLUS BAS.
Â'A ÊTRE 'IFFICILE!
BON ... C'EST PAS TROP MAL.
MAINTENANT, FORMULEZ VOTRE REQUÊTE EN Y METTANT LES FORMES.

'IL 'OU 'LAI !
'ONSIEUR 'EM'EREUR !
ARTICULEZ UN PEU, ON N'ENTEND RIEN.
NOUS VOUS SUPPLIONS DE NOUS ACCORDER VOTRE AIDE PRINCIÈRE !
OH, SUBLIME ALTESSE, EUH... AUX CHEVEUX D'OR BIEN JOLIS.
MOUI... METTEZ-Y UN PEU PLUS DE SERVILITÉ.
NOUS VOUS IMPLORONS À RAS DE TERRE COMME... COMME DES VERS PESSIMISTES.
NOTRE SUPPLIQUE TOUTE MINABLE S'ENVOLE VERS VOTRE COSMIQUE GRANDEUR ÉTOILÉE !
OK, ÇA IRA.
... IL RESTE UNE DERNIÈRE FORMALITÉ POUR CONTENTER NOTRE SUBTIL SEIGNEUR DE L'ONCTUOSITÉ : VOUS DEVEZ LUI FAIRE UN CADEAU PRÉCIEUX.
ÇA VA PAS ÊTRE FACILE, J'AI RIEN À DONNER !
MOI NON PLUS À PART MON BONNET !
VOTRE BONNET ?
HA HA, OUI MAIS IL N'A AUCUNE VALEUR !
S'IL EST PRÉCIEUX À VOS YEUX, CELA FERA UN CADEAU TOUT À FAIT ACCEPTABLE... DONNEZ-NOUS VOTRE BONNET !
NON ! PAS MON BONNET !! C'EST LE SEUL OBJET AU MONDE AUQUEL JE TIENS !
IL FAIT PARTIE INTÉGRANTE DE MA PERSONNALITÉ ! SAMEDI SANS SON BONNET, C'EST... C'EST...
C'EST DIMANCHE !

ALLONS, TRÊVE D'ENFANTILLAGES, DONNEZ-NOUS CE BONNET ET LE MAÎTRE INCONTESTÉ DES ENDROITS VENTEUX ET HUMIDES DAIGNERA VOUS PRÊTER UN DE SES POISSONS VOLANTS.
JE PEUX PAS FAIRE ÇA!! ÇA ME FEND LE COEUR!
COURAGE, SAMEDI ...
DIS-TOI QUE C'EST POUR JULIE!
TOI AUSSI, TU AS FAIT DES SACRIFICES, DIMANCHE. À CAUSE DE MOI, TU NE POURRAS PLUS MANGER DE POISSON.
C'EST BIEN LA MOINDRE DES CHOSES QUE JE FASSE UN EFFORT...
LE BONNET EST À VOUS.
PARFAIT.
LE PUISSANT MAÎTRE DE L'UNIVERS LIQUIDE ET GAZEUX VOUS ACCORDE LE DROIT DE CHEVAUCHER UN DE SES PUISSANTS DESTR...
OUI, OUI, HYPER MERCI SUPER AU REVOIR ET TOUT ÇA!
ON A ENCORE UNE CHANCE DE REJOINDRE JULIE À TEMPS!
J'ESPÈRE.
AUCUNE RECONNAISSANCE... C'EST À VOUS DÉGOÛTER DE RENDRE SERVICE.

ON EST DE RETOUR!
ENFIN!
DÉPOSEZ-NOUS VITE!
ENTENDU!
HOP!
IK!
EURK!
ORF!
SALUT, LES AMIS.
BRAOUF
AU FAIT, DIMANCHE... J'AI QUELQUE CHOSE À TE MONTRER.
VITE!! JULIE!!
TU RECONNAIS? C'EST TOI EN TRAIN DE ME COGNER.
OH... JOLIES COULEURS!
ZOUF
MA MAISON!
C'EST POUR TOI.
SBRAF!
OUCH!
MISÈRE!! ILS SONT DÉJÀ NÉS!!

OH! MES PAUVRES ENFANTS! VOUS AVEZ GRANDI SANS PÈRE!
?
SI J'AVAIS ÉTÉ LÀ, COMME JE VOUS AURAIS AIMÉS! JOSÉ! PEPITA! MARGARITA!
PAPA, MAMAN! Y A UN TYPE BIZARRE QUI NOUS PARLE!!
SI VOUS CHERCHEZ JULIE, ELLE EST REPARTIE CHEZ SES PARENTS, ELLE EN AVAIT MARRE DE VOUS ATTENDRE.
ELLE NOUS A LAISSÉ LA MAISON.
AH?
JULIIIIE!
JULIIIE! C'EST MOI!
JE SUIS DE RETOUR!
CHTONK
JULIE! JE SUIS SI HEUREUX DE TE REVOIR! EST-CE QUE TU AS ACCOUCHÉ?
QU'...
TOI AUSSI, TU T'EN PRENDS PLEIN LA TÊTE DEPUIS NOTRE RETOUR?

JULIE, DIS-MOI AU MOINS QUELQUE CHOSE !
JE TE DÉTESTE !
C'EST UN DÉBUT.
POURQUOI TU M'AS LAISSÉE TOUTE SEULE ?
JE VOULAIS VOUS OFFRIR UN AVENIR MEILLEUR, À TOI ET AUX ENFANTS ! JE VOULAIS GAGNER PLEIN DE COQUILLAGES POUR VOUS !
TU AS SURTOUT EU PEUR D'ÊTRE PAPA, OUI ! TU AS FUI TES RESPONSABILITÉS !
ET QU'EST-CE QUE TU AS FAIT DE TON BONNET ?
JE N'AI PAS FUI, JE VOULAIS JUSTE...
TU AURAIS PU AU MOINS ME DEMANDER MON AVIS ! JE COMPTE POUR TOI OU JE SUIS JUSTE UN MEUBLE ?
MAIS ALLONS ?! T'ES BIEN MIEUX QU'UN MEUBLE, JULIE !
TU AS AGI EN PARFAIT ÉGOÏSTE ! J'AI EU UNE PEUR ATROCE POUR TOI !... J'AI ÉTÉ TRÈS MALHEUREUSE.
... ET JE NE SAIS PAS SI JE POURRAI TE PARDONNER ÇA...
SLAP

J'AI TOUT GÂCHÉ...
PAUVRE JULIE... J'ARRÊTE PAS DE LUI FAIRE DU MAL! ...
JE DEVRAIS PEUT-ÊTRE PARTIR TRÈS LOIN... LA LAISSER TRANQUILLE. ARRÊTER DE LA FAIRE SOUFFRIR...
OUI, VOILÀ, JE VAIS PARTIR.
TU CROIS QUE C'EST CE QU'ELLE VEUT VRAIMENT?
TU L'AS ENTENDUE, NON? ELLE EST HYPER EN COLÈRE APRÈS MOI!
PARCE QUE T'ES PARTI SANS LUI DEMANDER SON AVIS?
C'EST ÇA!
ET DU COUP, TU VEUX À NOUVEAU PARTIR SANS LUI DEMANDER SON AVIS?
VOILÀ.
OUI, BON, PEUT-ÊTRE QUE PARTIR SANS LUI DEMANDER SON AVIS N'EST PAS UNE BONNE IDÉE!
MAIS QU'EST-CE QUE JE FAIS, MOI, DU COUP?

BEN... FAUT P'TÊT' JUSTE QUE TU RESTES PAS TROP LOIN D'ELLE EN ATTENDANT QU'ELLE PUISSE PARDONNER...
...JE CROIS QUE TU AS RAISON.
MAIS FAUT VRAIMENT QUE T'ARRÊTES LE PLANCTON, TOI.
HOULALAAA!!
VITE, VITE!!
HOULALAAA!!
SAMEDI, VOUS TOMBEZ BIEN, JULIE EST SUR LE POINT D'ACCOUCHER!
OCCUPEZ-VOUS D'ELLE PENDANT QUE NOUS COURONS CHERCHER LE DOCTEUR SCRAPPER!
HEIN?
JULIE!
OH, SAMEDI, TU ES LÀ! J'AVAIS PEUR QUE TU SOIS PARTI!
QU'EST-CE QUE JE DOIS FAIRE?!
PRÉPARER DE L'EAU CHAUDE?
APPORTER DU LINGE PROPRE?
FAIRE LES COURSES?
JE PRÉFÈRERAIS AUTANT QUE TU RESTES À CÔTÉ DE MOI ET QUE TU ME TIENNES LA MAIN, D'ACCORD? ...
... D'ACCORD.

ALORS?
ALORS, ÇA S'EST BIEN PASSÉ: ELLE A PONDU DEUX OEUFS MAGNIFIQUES!
DEUX SEULEMENT? C'EST UNE BONNE MOYENNE, OU PAS?
ILS PÈSENT COMBIEN? ILS PÈSENT COMBIEN?
ALLEZ... LAISSONS-LES UN PEU TRANQUILLES.
ON SE GRILLE QUELQUES POISSONS?
ME TENTE PAS, J'ESSAIE D'ARRÊTER.
ALLEZ, JUSTE UNE P'TITE SARDINE, NI VU NI CONNU...
ROBERTO, VEUX-TU BIEN CESSER?

L'odyssée aux allumettes

SALUT, ROBERTO! TOUJOURS EN FORME?
COMME D'HABITUDE, ET TOI?
SUPER!
DIS, ROBERTO, JE ME POSAIS UNE QUESTION.
OUI?
COMMENT ON APPELLE ÇA, QUAND ON N'A PLUS GOÛT À RIEN ET QUE L'EXISTENCE SEMBLE COMME UNE FARANDOLE ABERRANTE ET GRISE QUI NOUS ENTRAÎNE INEXORABLEMENT VERS RIEN?
UNE DÉPRESSION GRAVE?
AH, C'EST ÇA?
TU VEUX PEUT-ÊTRE QU'ON DISCUTE UN PEU?

RRMM... TU T'ES REMIS À PÊCHER? JE CROYAIS QUE TU VOULAIS ARRÊTER?
J'AI ARRÊTÉ DE MANGER DU POISSON, C'EST PAS PAREIL.
MAINTENANT, QUAND J'EN ATTRAPE UN, JE L'INVITE À DÎNER CHEZ MOI, ON DISCUTE, ON JOUE AU SCRABBLE, ET PUIS APRÈS JE LE RELÂCHE.
'UPER.
MAIS SAMEDI ME MANQUE.
DEPUIS QU'IL EST AVEC JULIE ET LES ENFANTS, C'EST PLUS COMME AVANT. ON NE SE VOIT JAMAIS.
C'EST ÇA QUI TE CHAGRINE?
TOUTE MA VIE, JE L'AI PASSÉE EN COMPAGNIE DE SAMEDI!
!
JE SAIS QUOI, MOI, SANS LUI?
VU COMME ÇA!
TU SAIS, DIMANCHE, IL Y A PARFOIS DES MOMENTS DANS LA VIE OÙ...
EEHH! LÀ-BAS!
SI JAMAIS JE T'ENNUIE, HÉSITE PAS À ME LE DIRE, D'ACCORD?
NON MAIS TU VOIS CE QUE JE VOIS?!

* VOIR LE PROFIL DU PINGOUIN

ÇA ALORS, MAIS C'EST DIMANCHE!
!?
QU'EST-CE QUE TU DEVIENS, VIEILLE BRANCHE? ÇA ME FAIT SUPER PLAISIR DE TE REVOIR!
ENTRE DONC! TU VEUX MANGER AVEC NOUS?
T'AS UN NOUVEAU BONNET?
EH OUI, C'EST MA JULIE D'AMOUR QUI ME L'A TRICOTÉ!
BAM
C'EST QUOI, CE TRUC MITEUX QUI SENT LE VARECH?
EUH... RIEN DE SPÉCIAL...
SALUT DIMANCHE.
MA TOUTE DOUCE NANOUNETTE ADORÉE!
MON GROS DOUDOUNINOU POUPINOU!
YEK!
JOSÉ, PÉDRITA, REGARDEZ QUI EST LÀ!
C'EST TONTON DIMANCHE!
BIBAGOU BABAA!
BABII BAGOU?

BEUBEU GAAAAA!
TU AS VU LES MIMIQUES DE PÉDRITA? ELLE MINAUDE COMME UNE PETITE PRINCESSE!
BABELILOU.
REGARDE PLUTÔT JOSÉ! DÉJÀ À POSER MILLE QUESTIONS COMME SON PAPA! PAS VRAI, DIMANCHE?
HA, HA! C'EST CLAIR ...
C'EST LEQUEL, JOSÉ, DÉJÀ?
VOUS N'AVEZ QU'À FAIRE CONNAISSANCE PENDANT QU'ON FINIT DE PRÉPARER LE REPAS.
... SALUT.
BEU.
GA.
ÇA ME FAIT PLAISIR DE REVOIR DIMANCHE. ON A FAIT LES 400 COUPS ENSEMBLE, TU SAIS?
JE SAIS, OUI.
LES ENFANTS!
À TABLE!
GUGA!
BABOU!

DIS DONC, QUEL SUCCÈS ! LES GOSSES SEMBLENT T'ADORER !
AH ?
J'AI PAS FAIT EXPRÈS : JE M'AMUSAIS AVEC LES CUBES.
BAAAGA!
BOUUUU!
TU SAIS, DIMANCHE, JE PARLAIS À JULIE DES PÉRIPÉTIES QU'ON AVAIT VÉCUES ENSEMBLE.
JE NOUS VOIS ENCORE EN TRAIN DE PARCOURIR TOUT L'ÎLOT POUR TROUVER DES RÉPONSES À TOUTES MES QUESTIONS ! C'ÉTAIT QUELQUE CHOSE !
HA, HA ! OUI !
OH, ET TU TE SOUVIENS DE LA BAIGNOIRE QUE TU AVAIS PERDUE DANS LA FORÊT ?
HA, HA, PEUT-ÊTRE... JE ME RAPPELLE PLUS BIEN.
OU ENCORE QUAND ON A TROUVÉ LE P'TIT PIAF COMPLÈTEMENT MORT !? JE T'AI JAMAIS RACONTÉ ÇA, JULIE ?
?
CE PEUREUX DE DIMANCHE N'OSAIT MÊME PAS S'EN APPROCHER. C'EST TOUT LUI, ÇA !
VOUS AVEZ COMBIEN D'ENFANTS, DÉJÀ ? J'AI L'IMPRESSION QU'ILS SE MULTIPLIENT.
LAISSEZ-LE RESPIRER, LES ENFANTS !
ILS T'AIMENT BIEN, DIMANCHE... TU SAIS Y FAIRE, AVEC LES TOUT-PETITS !
D'AILLEURS, QUAND EST-CE QUE TU TE DÉCIDES À FONDER UNE FAMILLE ?
GGG.

UNE FAMILLE?
ALLONS, JULIE... IL A TOUTE LA VIE DEVANT LUI!
TOUTE CETTE LIBERTÉ!
TU ES UN SACRÉ VEINARD, TU SAIS! NE CHANGE SURTOUT PAS!
TE LAISSE PAS INFLUENCER, MON GARS, RESTE LE MÊME... CE BON VIEUX DIMANCHE QUI NE S'ATTACHE JAMAIS ET VOLETTE DE PASSION EN PASSION!
ET SINON... TU CROIS QU'ON REVIVRA DES AVENTURES ENSEMBLE, UN JOUR?
HA,HA! PEUT-ÊTRE... MAIS POUR L'INSTANT, AVEC JOSÉ ET PÉDRITA, C'EST PLUS TROP POSSIBLE. J'AI DES RESPONSABILITÉS.
OUI, BIEN SÛR... À UN DE CES QUATRE, ALORS.
OUAIS, SALUT, À BIENTÔT.

IL FAUT QUE JE TOURNE LA PAGE.
TIENS, T'AS QU'À GARDER LE BONNET.
MOI? LE BONNET? VRAIMENT?
JE...
JE SUIS HONORÉ, C'EST TRÈS GENTIL.
SAMEDI A RAISON: À MOI DE VIVRE, MAINTENANT! IL FAUT QUE JE RESTE CE BON VIEUX DIMANCHE QUI SÉDUIT LES LÉZARDES AVEC AISANCE ET NATUREL.
SALUT, LES FILLES!
SALUT, DIMANCHE!
HÉ, HÉ!
HÉ, HÉ, HÉ!
?
HÉ, HÉ, HÉ, HÉ, HÉ!
T'AS UNE CRAMPE DES JOUES, DIMANCHE?

ROBERTO!
C'EST INCROYABLE!
JE ME SUIS FAIT JETER ! ÇA M'ÉTAIT JAMAIS ARRIVÉ!
JAMAIS?
RIEN NE VA PLUS!... JE NE PEUX PLUS PÊCHER COMME AVANT, JE NE PEUX PLUS SÉDUIRE LES FILLES COMME AVANT!
J'ARRIVE MÊME PLUS À ÊTRE CONVENABLEMENT MOI-MÊME.
TU SAIS, DIMANCHE, IL Y A PARFOIS DES MOMENTS DANS LA VIE OÙ...
ET SI J'ESSAYAIS DE CONVAINCRE SAMEDI DE REPARTIR À L'AVENTURE AVEC MOI?
CE SERAIT À NOUVEAU LE BON VIEUX TEMPS! QUAND J'ÉTAIS NORMALEMENT DIMANCHE!
JE ME DEMANDE POURQUOI J'ESSAIE ENCORE DE TE PARLER.
JE VAIS ENTAMER UNE QUÊTE ÉPOUSTOUFLANTE! ... COMME ÇA, IL SERA HAPPÉ PAR LE SOUFFLE DE L'AVENTURE!
ET CE SERA QUOI, TA QUÊTE HAPPANTE?
BAH, JE TROUVERAI BIEN EN COURS DE ROUTE!

JE VOUDRAIS ACHETER DU MATÉRIEL D'AVENTURE.
VRAIMENT ?
MATÉRIEL D'AVENTURE
C'EST POUR QUEL GENRE D'AVENTURE ?
GENRE ÉPOUSTOUFLANTE.
L'AAAVENTURE
NICE PRICE
J'AI EXACTEMENT CE QU'IL VOUS FAUT !
LAISSEZ-MOI VOUS OBSERVER UNE MINUTE... IL FAUT UN ÉQUIPEMENT PARFAITEMENT ADAPTÉ À VOTRE PERSONNALITÉ ...
... IL Y A QUELQUE CHOSE D'UN FAUVE PUISSANT EN VOUS... RRRRRR ... UNE FORCE VOLCANIQUE QUI NE DEMANDE QU'À EXPLOSER !
VOUS ÊTES DE LA TREMPE DES HOMMES QUI SAVENT CE QU'ILS VEULENT !
AH BON ?
IL VOUS FAUT CE QU'IL Y A DE MIEUX ! LE TOP DE L'EXCELLENCE !
SUIVEZ-MOI !
RÉSERVE DE L'AVENTURE

ALORS, POUR COMMENCER, IL VOUS FAUT ABSOLUMENT NOTRE TENTE EN BÉTON ET NOTRE SAC À DOS DES HÉROS.
" VA JUSQU'AU BOUT DE TES RÊVES" !
KIT GÉANT de l'Aventure
ENSUITE, VOUS PRENDREZ OBLIGATOIREMENT NOTRE CHEMISE EN MICROFIBRE QUI TUE TA TRANSPIRATION AU COEUR DES PORES DE TA PEAU.
"SOIS DIFFÉRENT DES AUTRES".
ET ENFIN, BON QUOI, VOUS NE POUVEZ PARTIR SANS NOTRE CIRE-CAILLOU.
NOTRE MACHETTE À MOUSTIQUES!
NOS ALLUMETTES GUIDE-DE-BROUSSE!
SALUT, MEC, MOI, C'EST JOE.
ET PUIS AUSSI, ACHÈTE MES POIREAUX!!
"N'ÉCOUTE QUE TOI!"
DES POIREAUX? POUR PARTIR À L'AVENTURE?
ET POURQUOI PAS?
ALORS, AU FINAL, ÇA VA COÛTER ...
DE TOUTE FAÇON, J'AI QUE ÇA.
AH.

HÉ, ROBERTO!
DIMANCHE?
ALORS, TU EN ES OÙ, AVEC TA GRANDE AVENTURE?
ÇA COMMENCE BIEN, J'AI DÉJÀ ACHETÉ TROIS ALLUMETTES!
AH BEN OUI, C'EST QUELQUE CHOSE!
MAINTENANT, JE DOIS FAIRE COMPRENDRE À SAMEDI QUE JE PARS EN EXPÉDITION... IL FAUT QU'IL AIT UNE ENVIE IRRÉSISTIBLE DE M'ACCOMPAGNER!
...AVEC TES TROIS ALLUMETTES, JE NE VOIS PAS COMMENT IL POURRAIT RÉSISTER.
ALORS, J'Y VAIS!
BONNE CHANCE!
LALAALALIII...
?

MHMM... MHMMM.
DIMANCHE?
OH, SAMEDI?... QUELLE BONNE SURPRISE!
QU'EST-CE QUE TU FAIS LÀ?
EH BIEN, COMME TU PEUX LE VOIR, J'AI ÉTABLI LE PREMIER CAMP DE BASE DE MON EXPÉDITION.
DERRIÈRE MON JARDIN?...
OUI, ET LÀ JE PROFITE D'UN BON FEU ALLUMÉ AVES MES "ALLUMETTES GUIDE-DE-BROUSSE".
OUCH!
C'EST QUOI, CETTE HISTOIRE D'EXPÉDITION?
TU PARS OÙ?
OHO, MAIS, EUH... TRÈS LOIN! DANS DES CONTRÉES... MYSTÉRIEUSES ET INEXPLORÉES... OÙ L'ESPRIT SE PERD EN... EN CONJECTURES SUR, EUH... DES MYSTÈRES BIEN ÉTONNANTS ET... TOUT BIZARRES.
ÇA DONNE ENVIE, PAS VRAI?
SI ON VEUT.
ÉCOUTE, JE SUIS PAS SÛR D'AVOIR BIEN TOUT COMPRIS, MAIS JE TE SOUHAITE BONNE CHANCE! MOI, JE FILE PRÉPARER LA SOUPE DES ENFANTS.
ALLEZ, SALUT!

J'ARRIVE PAS À Y CROIRE!
C'EST PAS SI GRAVE, VA.
IL A PRÉFÉRÉ FAIRE DU POTAGE PLUTÔT QUE DE PARTIR AVEC MOI!
LE PROBLÈME, C'EST QUE TU T'ES LANCÉ DANS UNE FAUSSE AVENTURE. SAMEDI A BIEN DÛ LE RESSENTIR.
ÇA PEUT PAS MARCHER COMME ÇA... IL TE FAUDRAIT UNE VRAIE QUÊTE, AVEC UN VRAI MYSTÈRE AU BOUT... QUELQUE CHOSE QUI AIT DU SENS, QUOI!
UN MYSTÈRE, JE VEUX BIEN, MAIS LEQUEL? TOUT EST MYSTÉRIEUX, SUR L'ÎLOT!
AH?
BEN OUI, NE SERAIT-CE QUE CETTE MAISON EN HAUT DE SON PIC, LÀ, QU'ON VOIT TOUJOURS DANS LE PAYSAGE, QUELQUE SOIT L'ENDROIT OÙ L'ON SE TROUVE SUR L'ÎLOT!
C'EST PAS BIZARRE, ÇA?
EN FAIT, C'EST VRAI QUE C'EST VACHEMENT BIZARRE... QU'EST-CE QUE C'EST QUE CETTE DRÔLE DE MAISON?

EH BEN VOILÀ, J'AI TROUVÉ! JE VAIS DIRE À SAMEDI QUE JE PARS RÉSOUDRE "LE MYSTÈRE DE LA MAISON BIZARRE".
PEUT-ÊTRE QU'IL VAUDRAIT MIEUX QUE JE ME CHARGE DE LUI EN PARLER, CETTE FOIS-CI... SINON, IL FINIRA PAR SE DOUTER DE QUELQUE CHOSE, TU CROIS PAS?
MHMM... C'EST VRAI.
MAIS JE FAIS QUOI? JE L'ATTENDS ICI?
NON, COMMENCE PLUTÔT À PARTIR EN DIRECTION DE LA MAISON, ÇA PARAÎTRA PLUS CRÉDIBLE.
D'ACCORD, JE PRENDS MES DEUX ALLUMETTES ET JE FILE!
À TOUT BIENTÔT, ROBERTO!
VIVEMENT QUE SAMEDI ME REJOIGNE... C'EST PAS MON GENRE, DE PARTIR À L'AVENTURE TOUT SEUL.

BEN, QU'EST-CE QU'IL FAIT, SAMEDI ?
ROBERTO A LARGEMENT EU LE TEMPS DE LUI EXPLIQUER QUE J'ÉTAIS PARTI À L'AVENTURE.
J'ESPÈRE QUE MA PISTE EST ASSEZ VISIBLE.
PAR ICI SAMEDI
PAR LÀ
JE SUIS LÀ
IL DEVRAIT DÉJÀ ÊTRE LÀ... ÇA DOIT QUAND MÊME L'INTRIGUER, CETTE HISTOIRE DE MAISON.
JE ME DEMANDE BIEN CE QU'IL Y A DEDANS...

CETTE MAISON A VRAIMENT QUELQUE CHOSE DE SPÉCIAL.
J'AI HÂTE DE MIEUX LA DÉCOUVRIR AVEC SAMEDI.
BRRRR... COMMENCE À FAIRE FROID!
JE VAIS ME FAIRE UN PETIT FEU BIEN SYMPA.
HÈPÈPÈP! MINUTE, L'AMI!
?
FAIT PAS SI FROID QUE ÇA! TU VAS PAS ALLUMER UN FEU POUR SI PEU, QUAND MÊME?
BEN, C'EST QUE...
J'Y CROIS PAS!! QU'EST-CE QUE C'EST QUE CETTE CHIFFE MOLLE QUI GRELOTTE AU MOINDRE PET D'AIR?!
LES VRAIS DURS, ILS DORMENT À MÊME LE SOL, FROID ET HUMIDE! ET ILS SE RÉVEILLENT AVEC DE LA ROSÉE DANS LES POILS DU NEZ!
TU PARLES BEAUCOUP, POUR UNE ALLUMETTE...
UNE ALLUMETTE GUIDE-DE-BROUSSE, TOCARD!

BON, JE VAIS PRENDRE TA COLLÈGUE, ALORS...
AH NON, PAS QUESTION !
TU VAS QUAND MÊME PAS NOUS GRILLER MAINTENANT ?! L'AVENTURE NE FAIT QUE COMMENCER, MEC !
C'EST UNE MUTINERIE ?
QUI TE DIT QUE T'AURAS PAS DÉSESPÉRÉMENT BESOIN DE NOUS PLUS TARD, HEIN ?
ET TU VOUDRAIS NOUS GÂCHER TOUT DE SUITE ? J'HALLUCINE !!
MAIS C'EST MAINTENANT QUE J'AI FROID !
BEN, Y A QU'À PRENDRE DES CAILLOUX.
OUAIS, C'EST IDÉAL POUR ALLUMER UN FEU.
DES CAILLOUX ?
OUAAAAIS, MEC ! TU LES FRAPPES L'UN CONTRE L'AUTRE, POUR ALLUMER TON FEU !
J'Y ARRIVE PAS...
TCHAK
C'EST PARCE QUE T'ES PAS DOUÉ, MEC ! HAHAHA !
HOHO ! J'AI RAREMENT VU UN MANCHE PAREIL !
REMARQUE, À FORCE DE MOULINER, TU VAS FINIR PAR TE RÉCHAUFFER !
WOAHAHAAAA !!
C'EST INCROYABLE, J'ARRIVE MÊME PAS À ME FAIRE RESPECTER PAR MES ALLUMETTES !
VOUS ARRÊTEZ ÇA, OUI ?!
RHHOOOLÀ, SI ON PEUT PLUS BLAGUER !!
T'ES UN CARACTÉRIEL PUR JUS, MEC !
JE VOUS PRÉVIENS, SI VOUS CONTINUEZ À M'ÉNERVER, JE...

TU VAS FAIRE QUOI, P'TIT TÊTE?
POUSSER UN GROS SOUPIR?
WOAAAHAHA!
RAAAAAAAAAAA
!!!
OUCH!
GAFFE MEC!
AOUILLE!
FRRROUTCH!
?
AH BEN ZUT, JE GRILLE!
FRRR...
AÏE AÏE AIE!
FROUTCHHH!
MOI AUSSI... OUTCH!
BEN BRAVO, TIENS.
VOILÀ C'QU'ARRIVE AVEC LES AVENTURIERS DE PACOTILLE...

PUNAISE !
... C'EST RARE QUE JE ME METTE EN COLÈRE, MAIS ÇA FAIT DU DÉGÂT !
?
SI C'EST PAS MALHEUREUX, ÇA...
UN BEAU GÂCHIS, OUI !
QU'EST-CE QUE VOUS FAITES DANS LE COIN, VOUS ?
EUH, JE...
JE CHERCHE À REJOINDRE LA MAISON QU'ON VOIT LÀ-HAUT !
ESSAYEZ LE CHEMIN QUI PART DE CETTE COLLINE.
ÇA DEVRAIT VOUS EN RAPPROCHER.

QU'EST-CE QUE JE FAIS ?... J'ATTENDS ENCORE SAMEDI ?
ET PUIS ZUT ! JE PEUX BIEN TROUVER CETTE MAISON SANS LUI, QUAND MÊME !
JE VAIS LUI MONTRER, TIENS !
JE VAIS GRIMPER JUSQU'À CETTE MAISON, VOIR CE QU'IL Y A DEDANS, ET PUIS RENTRER RACONTER TOUT ÇA À SAMEDI.
IL N'EN REVIENDRA PAS !
BON. C'EST PAS PAR LÀ.
HAHA ! JE L'IMAGINE DÉJÀ SUPER ÉPATÉ !
TU AS FAIT ÇA TOUT SEUL, DIMANCHE ? JE NE T'AURAIS JAMAIS CRU CAPABLE D'UN TEL EXPLOIT !
RRRR, MOI QUI TE PRENAIS POUR UN GRAND MOU !

BEN ZUT...
Y A ENCORE UNE COLLINE DERRIÈRE LA COLLINE?
JE DOIS PERSÉVÉRER COMME LE FERAIT SAMEDI À MA PLACE!
... ALORS ICI C'EST PAS BON.
J'AURAI L'AIR DE QUOI, MOI, SI JE RENTRE À LA PLAGE SANS AVOIR RIEN TROUVÉ?
NON PLUS.
NAN.
NI LÀ.
NI LÀ NON PLUS.
JE M'Y PRENDS MAL OU QUOI?

C'EST ASSEZ FASCINANT.
J'AI BEAU ESSAYER DE M'APPROCHER DE CETTE MAISON, ELLE PARAÎT TOUJOURS À DISTANCE.
GARRRGLLGLOUGLLL
J'AI L'IMPRESSION QUE JE COMMENCE À AVOIR TRÈS FAIM.
RGGRRIIURGRGLLL
AAAR!
GLLOOBLLOORR
JE PEUX VOUS OFFRIR UN PETIT QUELQUE CHOSE, SI VOUS VOULEZ.
?
IL ME RESTE UN SANDWICH, JE N'AI PLUS FAIM.
OH! VRAIMENT?
MERCHI BIEN!
HAHA! VOTRE APPÉTIT FAIT PLAISIR À VOIR!
GROUMPFGRAMPF!
JE ME PRÉSENTE, MONSIEUR MITE!
MOI, CH'EST DIMANCHE.

QU'EST-CE QUI VOUS AMÈNE DANS LE COIN?
CETTE MAISON, LÀ-BAS, ELLE M'INTRIGUE RUDEMENT! J'AIMERAIS BIEN SAVOIR CE QU'IL Y A DEDANS.
AH, MAIS JE LA CONNAIS BIEN, CETTE BARAQUE! C'EST UN PEU COMPLIQUÉ POUR Y ALLER, MAIS JE PEUX VOUS EXPLIQUER.
C'EST VRAI?
JE VOUS Y EMMÈNERAIS BIEN MOI-MÊME, MAIS J'AI DES RESPONSABILITÉS... JE M'OCCUPE D'UN DISPENSAIRE POUR PETITS ANIMAUX.
OH, VOUS SOIGNEZ DES PETITS ANIMAUX MALADES?
J'ESSAIE DE ME RENDRE UTILE. JE FAIS CE QUE JE PEUX...
C'EST TRÈS NOBLE DE VOTRE PART... JE NE VEUX PAS VOUS RETARDER PLUS LONGTEMPS.
EN MÊME TEMPS, LE CHEMIN VERS LA MAISON EST ASSEZ DIFFICILE À TROUVER... JE M'EN VOUDRAIS D'APPRENDRE QUE VOUS VOUS ÊTES PERDU.
VOUS SAVEZ QUOI? JE VAIS QUAND MÊME VOUS ACCOMPAGNER! JE CONNAIS LA ROUTE, CE NE SERA PAS TRÈS LONG!
WOAW! VOUS ÊTES VRAIMENT TRÈS SYMPA, VOUS!
C'EST TOUT NATUREL, VOYONS.

LA MAISON N'EST PLUS TRÈS LOIN, MAINTENANT. NOUS Y SERONS SANS DOUTE DÈS DEMAIN.
CHOUETTE.
MAIS PARLEZ-MOI DE VOUS, DIMANCHE... J'AIMERAIS MIEUX VOUS CONNAÎTRE.
COMMENT VOUS ÊTES-VOUS RETROUVÉ DANS CETTE QUÊTE PASSIONNANTE ?
BEN, AU DÉPART, JE DOIS AVOUER QUE C'ÉTAIT SURTOUT POUR ENTRAINER SAMEDI AVEC MOI.
SAMEDI ?
C'EST MON MEILLEUR AMI.
VRAIMENT ? PARLEZ-MOI DE LUI. VOUS M'INTÉRESSEZ PRODIGIEUSEMENT.
JE L'ADORE. AVEC LUI, J'AI VÉCU PLEIN D'AVENTURES ! ET POURTANT JE SUIS PAS DU GENRE TRÈS COURAGEUX.
VOUS SAVEZ, AU FOND, JE SUIS COMME VOTRE COPAIN... MOI AUSSI JE PASSE TOUT MON TEMPS À CHEMINER SUR LES ROUTES EN VIVANT DES MILLIERS D'AVENTURES !
MAIS...
JE CROYAIS QUE VOUS VOUS OCCUPIEZ D'UN DISPENSAIRE POUR ANIMAUX ?
AH OUI, C'EST VRAI.
RZZZZZRRZZZ
TIENS, IL S'EST ENDORMI ?
DORMONS ALORS...

DITES, ON NE VOIT PRESQUE PLUS LA MAISON.
C'EST PARCE QUE NOUS SOMMES OBLIGÉS DE FAIRE UN DÉTOUR... POUR ÉVITER UN CHAMP DE COTON-GAROU.
DU COTON-GAROU?
ÇA TE TERRIFIERAIT, MON PAUVRE DIMANCHE! TOI QUI AS SI VITE PEUR DE TOUT!
SINCÈREMENT, JE ME DEMANDE SI ON N'EST PAS EN TRAIN DE S'ÉGARER.
QUOI?! TU ME FAIS PLUS CONFIANCE? APRÈS TOUT LE MAL QUE JE ME SUIS DONNÉ POUR TOI?!
ALORS QUE JE T'AI ACCORDÉ TOUT MON TEMPS? AU DÉTRIMENT DES PETITS ANIMAUX MALADES! QUE JE T'AI DONNÉ MON SANDWICH QUAND J'ÉTAIS MORT DE FAIM?
MAIS C'EST MÊME PAS VRAI! VOUS M'AVEZ DIT QUE ÇA VOUS DÉRANGEAIT PAS DU TOUT!
... HAHAHA! MAIS JE TE FAISAIS MARCHER, DIMANCHE! TU M'AS CRU?!...
C'EST NORMAL DE SE FAIRE DES BLAGUES, ENTRE COPAINS!
ALLEZ, ON VA LA TROUVER, CETTE MAISON! ON Y EST PRESQUE!
PSSST!
?

FAIS GAFFE À TOI, VIEUX!
TU TRAÎNES AVEC UN MANGE-POTE!
UN "MANGE-POTE"?
Y DOIT D'ABORD FAIRE D'TOI UN COPAIN POUR POUVOIR T'MANGER! C'EST DANS SA NATURE!
MAIS C'EST HORRIBLE!
J'TE L'FAIS PAS DIRE! ALLEZ SALUT, VIEUX!
ALORS, DIMANCHE! TU VIENS, MON AMI?
!
EUH... NON, MONSIEUR MITE!
JE VAIS CONTINUER TOUT SEUL, FINALEMENT!
QUOI?! MAIS ON N'EST PAS BIEN ENSEMBLE? ELLE... ELLE EST PAS CHOUETTE, NOTRE AVENTURE DE DIMANCHE ET MONSIEUR MITE?
!
C'EST QUE... JE VOUS TROUVE UN PETIT PEU BIZARRE...
...MAIS C'EST FOU COMME COÏNCIDENCE!! MOI AUSSI JE ME TROUVE TROP BIZARRE!
C'EST INCROYABLE LE NOMBRE DE POINTS COMMUNS QU'ON PEUT AVOIR!
TOUT PAREILS!!

HÉ, COPAIN! COOOPAAiiiiiN!!
ZUT, DES SABLES MOUVANTS!
COOO... PAAAAAiiii...
PAR LÀ!
IL EST DE PLUS EN PLUS INEXTRICABLE CET ARBRE!
BEN COMMENT JE FAIS POUR DESCENDRE, MAINTENANT?

JE VOIS PLUS DU TOUT LA MAISON ...
C'EST PAS JUSTE, POUR UNE FOIS QUE JE FAISAIS UN TRUC PAR MOI-MÊME !
ET PUIS ELLE COMMENÇAIT À ÊTRE VRAIMENT IMPORTANTE À MES YEUX, CETTE BICOQUE BIZARRE.
MAIS JE SUIS COMPLÈTEMENT PERDU...
?
QUI EST LÀ ?
TOI AUSSI TU VEUX ME MANGER ? T'ES UN MANGE-POTE ?
TU DIS RIEN ? T'AS PAS L'AIR MÉCHANT, EN FAIT !

RZZZ...
MFF?
BEN, OÙ JE SUIS ENCORE ALLÉ ME FOURRER, MOI?
C'EST QUAND MÊME PAS COMMUN, CETTE HABITUDE QUE J'AI DE VOLER EN DORMANT.
JE SUIS ASSEZ BALÈZE, EN FAIT.
EEH, MAIS C'EST ROBERTO!
DIMANCHE, JUSTEMENT, JE TE CHERCHAIS!
DIMANCHE QUI MARCHE À L'ENVERS?
TIENS, T'AS PERDU TON BONNET!
DIMANCHE, QU'EST-CE QUE C'EST QUE CET ENDROIT?
C'EST L'INEXTRICARBRE... MON NOUVEL AMI ME L'A EXPLIQUÉ. IL CONNAÎT TRÈS BIEN CET ENDROIT.
TON NOUVEL AMI?
UNE SECONDE, ROBERTO...
TU DISAIS?
HAHAHA! T'ES BÊTE!

COMMENT ? ... HAHAHA ! OUI, TU AS SANS DOUTE RAISON !
HOULÀ...
EH, T'AS VU ? QUAND ON LUI MET UN BONNET, IL RESSEMBLE UN PEU À SAMEDI, NON ? C'EST RIGOLO !
EUH... EN PARLANT DE SAMEDI... JE SUIS BIEN ALLÉ LE VOIR APRÈS TON DÉPART, POUR LUI PARLER DE TON AVENTURE !
IL VOULAIT BIEN FAIRE CETTE QUÊTE AVEC TOI... MAIS DANS QUELQUES ANNÉES, LE TEMPS QUE LES ENFANTS GRANDISSENT. ET QUAND J'AI VOULU TE PRÉVENIR, TU AVAIS DISPARU.
AH, D'ACCORD.
CRR...
DU COUP, TU... TU FERAIS PEUT-ÊTRE MIEUX DE RENTRER CHEZ NOUS, NON ?
CRAATCH !
?
WOOOOUUUFFFFFFFFFFFF
ROBERTO ?
... BEN ZUT ! J'ESPÈRE QU'IL NE S'EST PAS TROP FAIT MAL !
... C'EST VRAI ? ... OUF, TU ME RASSURES !

TU DIS QU'IL PARLE AVEC SON OMBRE?
PAS TOUT À FAIT, IL PARLE AVEC UNE OMBRE.
OUAIS, BEN C'EST ENCORE PLUS INQUIÉTANT!
IL N'AURAIT JAMAIS DÛ PARTIR SANS MOI! IL EST INCAPABLE DE SE DÉBROUILLER TOUT SEUL.
ET PUIS IL M'A REPRIS LE BONNET.
C'EST UNE CHANCE QUE TU TE SOIS ASSOMMÉ DANS TA CHUTE...
UNE CHANCE?
OUI, COMME ÇA TU AS PU VOLER JUSQU'À NOUS POUR NOUS PRÉVENIR QUE DIMANCHE AVAIT DES PROBLÈMES! ET ON VA POUVOIR ALLER L'AIDER!
MAIS C'EST PAS POSSIBLE! ON SAIT MÊME PAS OÙ IL EST!
TU POURRAIS FAIRE UN PETIT EFFORT: C'EST TON AMI, TOUT DE MÊME!
...JE SAIS BIEN, QUE C'EST MON AMI!
ROBERTO EST ARRIVÉ DE CETTE DIRECTION: IL DOIT Y AVOIR MOYEN DE REMONTER LA PISTE!
C'EST DÉCIDÉ! JE PARS SAUVER DIMANCHE!!

NOUS PARTONS SAUVER DIMANCHE... TU COMPTES QUAND MÊME PAS PARTIR UNE NOUVELLE FOIS SANS LES ENFANTS ET MOI ?
JE VIENS AUSSI ! SINON, ÇA SERT À QUOI, LES AMIS ?
MAIS... MAIS NON ! MAIS C'EST PAS POSSIBLE, ÇA !
JE VAIS PRÉPARER DES THERMOS DE THÉ GLACÉ.
ROBERTO ? TU VEUX BIEN METTRE LEURS PETITES BOTTES AUX ENFANTS ?
J'ARRIVE, JULIE !
DES THERMOS ?! DES PETITES BOTTES ?... JULIE !... JE PARS SAUVER DIMANCHE ! C'EST PAS UN PIQUE-NIQUE !
MAIS ENFIN, SAMEDI... C'EST PAS PARCE QU'ON PART À L'AVENTURE QU'ON DOIT FAIRE ÇA N'IMPORTE COMMENT !
ELLE A RAISON.
PAS TROP VITE ! J'AI DE TOUTES PETITES PATTES !
AGAGI !
BOU BOU BOU !
C'EST PARTI !

RMMF.
...J'AI RUDEMENT BIEN DORMI...
TIENS? MON AMI EST PARTI?
DOMMAGE, IL ÉTAIT GENTIL... IL M'A SORTI DE L'INEXTRICARBRE.
OH!
?
BONJOUR, GRANDE CHOSE VERTE!

HA HA! J'AI JAMAIS VU QUELQUE CHOSE COMME TOI!
T'ES BIEN JOLI!
EUH, JE SUIS DIMANCHE, ET TOI?
JE M'APPELLE MARTIN. JE SUIS UN ÉPHÉMÈRE. TU VEUX VOIR CHEZ MOI?
JE SUIS BIEN CONTENT DE RENTRER AU VILLAGE. ÇA FAIT AU MOINS SIX MINUTES QUE JE SUIS PARTI.
...
C'EST QUOI, UN ÉPHÉMÈRE?
EH BIEN, C'EST TRÈS SIMPLE, C'EST...
POUF!
MARTIN?
EXCUSEZ-MOI...
BONJOUR, DRÔLE DE CHOSE VERTE!
COMME TU ES ÉTONNANT!
QU'EST-CE QUE TU FAIS LÀ?

EUH... VOUS N'AURIEZ PAS VU MARTIN? IL A DISPARU ET JE...
TU AS CROISÉ MARTIN LE CÉLÈBRE EXPLORATEUR ?!
ÇA FAIT UNE ÉTERNITÉ QU'ON N'A PLUS DE NOUVELLES DE LUI!
CE RÊVEUR VOULAIT VISITER LES CONFINS DU MONDE POUR EN DÉCOUVRIR LES INSONDABLES MERVEILLES...
AURAIT-IL RÉUSSI SON INCROYABLE PARI?!
LES CONFINS DU MONDE?... BEN, EN FAIT, IL A PASSÉ SIX MINUTES DERRIÈRE LA COLLINE, ET IL A...
POUF
VOILÀ! IL A FAIT TOUT PAREIL QUE LUI!!
OH, VICTOR!
IL NOUS MANQUERA. C'ÉTAIT LE MEILLEUR D'ENTRE NOUS.
IL A BIEN VÉCU.
DITES DONC, VOUS MOUREZ DRÔLEMENT VITE, VOUS!
VOUS TROUVEZ?
ON MANQUE UN PEU DE RECUL...
POUF
WOAW! IL EST TERRIBLE, CE GRAND MACHIN VERT!!
UN PEU DE RESPECT, LES JEUNES, CE MONSIEUR A CONNU MARTIN.

MARTIN?! "MARTIN-LE-DÉVOREUR-D'UNIVERS"?!
LE FAMEUX DEMI-DIEU DES LÉGENDES NORDIQUES? WOAW!
EUH... LA COLLINE EST PEUT-ÊTRE AU NORD EFFECTIVEMENT.
LES GARS! REGARDEZ TOUS! LE MONDE CHANGE DE COULEUR!!
OOOOOOOOOH!
C'EST INCROYABLE!
POUF!
EU... JE CROIS QUE C'EST JUSTE UN NUAGE QUI PASSE DEVANT LE SOLEIL.
VRAIMENT? EN TOUS CAS, ON N'AVAIT ENCORE JAMAIS VU ÇA!! C'EST MAGNIFIQUE!!
C'EST VRAI QUE C'EST BEAU.
POUF
MARTIN AURAIT AIMÉ.
QUI ÇA?
JAMAIS ENTENDU PARLER.

BON ALORS, ON REPART LÀ ?
UNE SECONDE... IL COMMENCE À FAIRE FRISQUET, JE DOIS METTRE UNE PETITE LAINE AUX ENFANTS.
ET TOI, ROBERTO TU PEUX PAS ALLER PLUS VITE ? TU TE TRAÎNES COMME UN BOULET !
CE N'EST PAS TRÈS GENTIL DE ME PARLER SUR CE TON.
COMME UN JOLI BOULET TOUT DOUX C'EST MIEUX ?
ROBERTO, SÉRIEUSEMENT, TU VOUDRAIS PAS DORMIR UN PEU ? AVEC UN PEU DE CHANCE, TU TOMBERAIS DE NOUVEAU SUR DIMANCHE !
TU SAIS BIEN QUE, QUAND JE VOLE EN DORMANT, ON NE SAIT JAMAIS OÙ JE VAIS ATTERRIR... ET PUIS JE ME FAIS TROP DE SOUCIS POUR M'ENDORMIR MAINTENANT.
DE TOUTES FAÇONS, IL VA SE FAIRE TARD...
ON VA RENTRER À LA MAISON ET REPRENDRE DEMAIN.
QUOI ?! MAIS J'AI JAMAIS VU UNE MISSION DE SAUVETAGE AUSSI LENTE !! FAITES CE QUE VOUS VOULEZ, MAIS MOI, JE CONTINUE LES RECHERCHES !
ON Y VA, LES ENFANTS...
ROBERTO, JE TE CHARGE DE VEILLER SUR SAMEDI, D'ACCORD ?

DIMANCHE! ENFIN, JE TE RETROUVE!
OH, UN AUTRE DIMANCHE, MAIS TOUT ROUGE!
SAMEDI? COMMENT T'ES ARRIVÉ JUSQU'ICI?
M'EN PARLE PAS.
J'AI TRAVERSÉ DES FLEUVES GLACÉS, FRANCHI DE GROS BOSQUETS DE RONCE, SUPPORTÉ LA MORSURE DU SOLEIL, AFFRONTÉ DES FAUVES, DES ARAIGNÉES, DES CROCODILES ET UN TYPE TRÈS COLLANT QUI VOULAIT DEVENIR MON AMI.
POUR FAIRE COURT.
EN ATTENDANT, JE SUIS BIEN CONTENT DE TE REVOIR.
PAS AUTANT QUE MOI.
TU AS VU? JE ME SUIS FAIT PLEIN DE NOUVEAUX AMIS, ICI!
SALUT!
TU ES BEAU.
VRAIMENT? C'EST SUPER, ON Y VA?

COMMENT ÇA, "ON Y VA" ?
JE SUIS VENU POUR T'AIDER À RETOURNER CHEZ NOUS, ALORS FAUT PAS TRAÎNER.
MAIS JE NE VEUX PAS PARTIR DE CET ENDROIT, SAMEDI ... J'Y SUIS BIEN.
AH OUI ?
MISÈRE ! IL EST AUSSI ATTEINT QUE ME LE DISAIT ROBERTO !
TU SAIS CE QU'ON VA FAIRE ? ON VA DORMIR, ET PUIS ON REPARLE DE TOUT ÇA DEMAIN... À TÊTE REPOSÉE
OK.
CLAQUE CLAC CLAC !
TIENS, JE TE FAIS UNE PLACE DANS LES GALETS.
TU VAS VOIR, ON DORT RUDEMENT BIEN PAR ICI ...
OUAIS, OUAIS, OUAIS.
LES GARS !! LE CIEL DEVIENT NOIR !! C'EST FANTASTIQUE !

J'ÉTAIS OBLIGÉ DE FAIRE ÇA, DIMANCHE... C'EST POUR TON BIEN.
PLUS TARD, TU ME REMERCIERAS, TU VERRAS.
TU NE DIS RIEN PARCE QUE TU ES EN COLÈRE, OU C'EST À CAUSE DU BAILLON ?
MAIS ÉCOUTE, JE DEVAIS RÉAGIR ! TU VEUX DES CHOSES QUI NE SONT PAS BONNES POUR TOI ! C'EST QUOI CETTE LUBIE DE ...
... DE DORMIR SUR DES GALETS, LÀ ?!
MMMMOMOM -MOMMOMMON.
TU DIS ?
JE DISAIS QUE J'APPRÉCIE LE DOUX "CLAQUECLACLICLAC" DES GALETS SOUS MA TÊTE QUAND JE DORS, POUR TA GOUVERNE.

TU COMPTES ME GARDER ENCORE LONGTEMPS PRISONNIER ?
OOOOOH, MAIS T'ES PAS "PRISONNIER" DIMANCHE, DIS PAS DE BÊTISES !
AH. TU ME LIGOTES PAR AMITIÉ.
RRM,.. EN GROS.
BON, SI TU PROMETS DE RESTER TRANQUILLE, JE TE DÉTACHE LES JAMBES, D'ACCORD ?
MOUAIS.
VOILÀ.
ÉÉÉÉÉH ! T'AVAIS PROMIS !!
EH BEN, JE SUIS UN SALE MENTEUR !
MAIS TU VAUX PAS MIEUX QUE MOI, TU M'AS LIGOTÉ PAR SURPRISE PENDANT LA NUIT !
OUI, MAIS J'AVAIS PAS PROMIS DE PAS LE FAIRE !
JE VOIS, LA PROCHAINE FOIS QUE TU VIENS CHEZ MOI, PROMET DE NE PAS M'ÉTOUFFER PENDANT LA NUIT AVEC UN CHIFFON PLEIN DE MORVE !
OOOH ! MON MOUCHOIR ÉTAIT PROPRE !

ET PUIS CET ENDROIT N'EST PAS "CHEZ TOI", DIMANCHE ! C'EST SUR NOTRE PLAGE QU'EST TA VIE, PAS ICI !
C'EST LÀ OÙ TU TE TROMPES, SAMEDI !
J'AI DÉCOUVERT UN ENDROIT OÙ JE ME SENS À MA PLACE, CES ÉPHÉMÈRES SONT ÉPATANTS, ILS S'ÉMERVEILLENT POUR UN RIEN ! ET ILS ONT ENCORE MOINS DE MÉMOIRE QUE MOI. C'EST INCROYABLE !
BON, C'EST UN PEU DUR D'AVOIR UNE CONVERSATION SUIVIE AVEC EUX, PAR CE QU'ILS MEURENT TOUT LE TEMPS, MAIS JE LES AIME BEAUCOUP !
JE CROIS QU'ILS M'AIMENT BIEN, EUX AUSSI ! AU FOND, MA PRÉSENCE DOIT UN PEU LES RASSURER.
ET PUIS DE CHEZ EUX, JE VOIS SUPER BIEN LA MAISON SUR LE PIC... ELLE EST VRAIMENT DEVENUE IMPORTANTE POUR MOI, CETTE BICOQUE, TU SAIS ! ...
HHH... MAIS ON LA VOIT DE N'IMPORTE OÙ ... HHH, HHHH... CETTE MAISON !
HHH... ON LA VOIT MÊME DE MON JARDIN !

OUI MAIS C'EST PAS PAREIL.
ICI, JE PEUX LA REGARDER PENDANT DES HEURES, TRANQUILLE, ÉTALÉ SUR LES GALETS, SANS JAMAIS ME LASSER !
HHH... EH, TU SAIS CE QUE JE TE PROPOSE ? HHH... CETTE MAISON, ON VA ESSAYER DE LA TROUVER ENSEMBLE ! COMME AU BON VIEUX TEMPS !!
C'EST GENTIL MAIS JE NE SUIS PAS SÛR QUE CE SOIT UNE BONNE IDÉE, SAMEDI.
TU AS TA VIE À TOI, MAINTENANT, AVEC JULIE ET LES ENFANTS.
ET MOI, JE CROIS FINALEMENT QUE JE PRÉFÈRE CONTEMPLER CETTE MAISON EN RÊVANT, PLUTÔT QUE D'ESSAYER À TOUT PRIX DE SAVOIR CE QU'IL Y A DEDANS.

JE VAIS PEUT-ÊTRE FINIR PAR TE DÉTACHER, NON ?
JE SUIS PAS CONTRE
ALORS, TU RESTES ICI...
...ÇA VEUT DIRE QU'ON SE REVERRA PLUS ?
MAIS SI ! JE VIENDRAI PASSER DES VACANCES CHEZ VOUS... ET TU POURRAS VENIR QUAND TU VEUX DORMIR SUR MES GALETS.
ARF !!... ENFIN, JE VOUS TROUVE !
ON SE REVOIT BIENTÔT, ALORS !
TOUT BIENTÔT !
AH BON.

GRM... ESSAYEZ DE RENDRE SERVICE, TIENS...
ENFIN, DU MOMENT QU'ILS SONT CONTENTS TOUS LES DEUX...
ZZZZZ
ZZZZZ
ZZZZZ
ZZZZZ
ZZZZZZ
VEHLMANN-Gwen

DES MÊMES AUTEURS

Samedi et Dimanche (4 tomes et 1 intégrale, Dargaud)
Les Derniers Jours d'un immortel (Futuropolis)

FABIEN VEHLMANN

Les Cinq Conteurs de Bagdad avec Frantz Duchazeau (Dargaud)
Le Diable amoureux et autres films jamais tournés par Méliès, avec Frantz Duchazeau (Dargaud)
I.A.N., avec Ralph Meyer (4 tomes, 1 intégrale couleur et 1 intégrale n&b – Dargaud)
Le Marquis d'Anaon, avec Matthieu Bonhomme (5 tomes, 1 intégrale couleur et 1 intégrale n&b des tomes 1 à 3 – Dargaud)
La Nuit de l'Inca, avec Frantz Duchazeau (1 intégrale – Dargaud)
Paco les Mains Rouges, avec Éric Sagot (2 tomes – Dargaud)
Green Manor, avec Denis Bodart (3 tomes et 1 intégrale – Dupuis)
Jolies Ténèbres, coscénario de Marie Pommepuy, dessin des Kerascoët (Dupuis)
Seuls, avec Bruno Gazzotti (11 tomes et 1 intégrale des tomes 1 à 4 – Dupuis)
Une aventure de Spirou et Fantasio (Les Géants Pétrifiés), avec Yoann (Dupuis)
Les aventures de Spirou et Fantasio, avec Yoann (3 tomes – Dupuis)
Wondertown, avec Benoît Féroumont – Dupuis (2 tomes – Dupuis)
Des lendemains sans nuages, avec Ralph Meyer et Bruno Gazzotti (Le Lombard)
Sept Psychopathes, avec Sean Phillips (Delcourt)
L'Île aux 100 000 morts, avec Jason (Glénat)
Dieu qui pue, Dieu qui pète, avec Frantz Duchazeau (Milan)
Coïncidence, dessin d'un collectif d'auteurs (On a marché sur la bulle)
Infinity 8, avec Olivier Balez (1 tome – Rue de Sèvres)
L'Herbier sauvage, avec Chloé Cruchaudet (Soleil)
Satanie, avec Kerascoët (intégrale – Soleil)

GWEN DE BONNEVAL

Gilgamesh, avec Frantz Duchazeau (2 tomes et 1 intégrale – Dargaud)
Bonneval Pacha, avec Hugues Micol (3 tomes – Dargaud)
Basile Bonjour (3 tomes – Delcourt)
Monsieur Forme (Delcourt)
Polaris, ou la nuit de Circé (Delcourt)
Varulf, avec Hugo Piette (2 tomes – Gallimard)
Adam & Elle, avec Michaël Sterckeman (2 tomes – Glénat)
Messire Guillaume, avec Matthieu Bonhomme (3 tomes et 1 intégrale – Dupuis)
Vladimir sur les toits, avec Nicolas Hubesch (Milan)
Les Racontars, avec Jørn Riel (3 tomes et 1 intégrale – Sarbacane)

PREMIÈRE ÉDITION
Imprimé sur un papier issu de forêts gérées durablement.

"Loi n°49-956 du 16 juillet 1949 sur les publications destinées à la jeunesse."
Dépôt légal : octobre 2018 • ISBN 978-2205-07861-9
Imprimé et relié en septembre 2018 par Stige, 110 via pescarito, San Mauro – Italie
www.dargaud.com